SIEVERS / BRUNNER

ABRISS DER ALTENGLISCHEN (ANGELSÄCHSISCHEN)

GRAMMATIK

SAMMLUNG KURZER GRAMMATIKEN GERMANISCHER DIALEKTE

BEGRÜNDET
VON WILHELM BRAUNE

HERAUSGEGEBEN VON
KARL HELM

C. ABRISSE NR. 2
EDUARD SIEVERS

ABRISS DER
ALTENGLISCHEN
(ANGELSÄCHSISCHEN)
GRAMMATIK

MAX NIEMEYER VERLAG TÜBINGEN 1959

ABRISS DER ALTENGLISCHEN

(ANGELSÄCHSISCHEN)

GRAMMATIK

VON

EDUARD SIEVERS

15. DURCHGESEHENE AUFLAGE VON

KARL BRUNNER

MAX NIEMEYER VERLAG TÜBINGEN 1959

Vorwort

zur 14. Auflage

Seit 1895 war der Abriß der angelsächsischen Grammatik von
Eduard Sievers der Leitfaden, an Hand dessen unzählige Studierende die
ältesten Formen der englischen Sprache kennen gelernt haben. Auch die
Neubearbeitung von 1941, die dem Unterzeichneten anvertraut war, hat
an der Anlage des Buches nichts geändert. Es sollte als Grundlage für
Vorlesungen über altenglische Grammatik dienen und das notwendigste
Material bieten, das auch für den Anfänger für die Lektüre der meisten
Prosa- und poetischen Texte unentbehrlich ist. Die Beibehaltung der
altsächsischen Paradigmen und die gelegentlichen Hinweise aufs Gotische
oder Althochdeutsche schien zweckmäßig, weil doch die meisten Studenten
der Anglistik gleichzeitig Germanisten sind. Lediglich einige Abschnitte,
besonders in der Lautlehre wurden neu gestaltet.

Innsbruck, im April 1956.

Karl Brunner.

Inhaltsübersicht

I. Einleitung

§ 1. Das Angelsächsische (ags.) oder Altenglische (ae.) ist die älteste Form, in der uns die Sprache der germanischen Bewohner Englands entgegentritt. In literarischem Gebrauch hat sich diese Sprachform bis gegen Ende des 11. Jahrhunderts, in einer Reihe von Handschriften noch ins 12. Jahrhundert erhalten. Sie wird durch das Mittelenglische (me.) abgelöst.

Bereits in seinen ältesten Quellen läßt das Ae. deutlich mundartliche Unterschiede erkennen. Die Hauptmundartgebiete sind das Nordhumbrische nördlich des Humber und Wharfe, das Mercische südlich davon bis zu einer etwa von der Mündung des Stour (beim heutigen Harwich) gegen den mittleren Severn (Nordgrenze der heutigen Grafschaft Worcestershire) verlaufenden Linie, die sächsischen Mundarten im Süden davon und das Kentische in der heutigen Grafschaft Kent.

Sprachgeschichtlich bilden nordhumbrisch und mercisch zusammen die Gruppe der anglischen Mundarten; ihnen gegenüber kann man die sächsischen und das Kentische als Südenglisch zusammenfassen.

Anm. 1. Die Bezeichnung mercisch ist herkömmlich, aber nicht ganz richtig. Das ursprüngliche Mercien umfaßte als Mark gegen die Kelten nur den westlichen Teil des oben genannten Gebietes. Im 7. Jahrhundert dehnten die mercischen Könige ihr Herrschaftsgebiet auf Mittelanglien (mit dem heutigen Leicestershire als Kernland und südlich und östlich davon bis ins heutige nördl. Hertfordshire) und die östlich davon gelegenen Gebiete des heutigen Lincolnshire aus, im 8. Jahrhundert vorübergehend auch auf das Sachsenland und Kent, doch gehörten diese Gebiete und Ostanglien (das heutige Norfolk und Suffolk) nie zum engeren mercischen Gebiet.

Unter allen Mundarten weist das Sächsische und zwar in der Untergruppe des Westsächsischen (ws.) die reichste Überlieferung auf. Die Sprache der ältesten ws. Texte (etwa aus der Zeit König Alfreds, † 901: insbesondere die der Übersetzung der Cura pastoralis und des Orosius sowie der ältesten Teile der sog. Parker-Hs. der Chronik) bezeichnet man als „altwestsächsisch" im Gegensatz

zum „Spätwestsächsischen", d. h. zu der Sprache der Denk-
mäler späterer Zeit. Die Hauptmasse der ws., ja der ae. Texte über-
haupt ist in dieser jüngeren Mundart überliefert, die eine Art gemein-
samer ae. Schriftsprache war (Gemeinws.). In sie sind auch Texte aus
älterer Zeit umgeschrieben worden, vor allem die (meist auf anglischem
Boden entstandenen) ae. Dichtungen, wobei aber Wortformen der Vor-
lagen oft übernommen wurden. Auch in erst später entstandene Texte
haben einzelne Schreiber Formen ihrer Mundart statt solchen der
Schriftsprache hineingebracht.

Das Vorherrschen des Ws. in der ae. Überlieferung bedingt, daß
eine Darstellung der ae. Grammatik, welche die in ae. Texten vor-
kommenden Formen erklären will, das Ws. in erster Linie berück-
sichtigen muß. Vom Standpunkt der weiteren Geschichte des Eng-
lischen ist dies ungünstig, weil später, besonders für die Entstehung
der ne. Schriftsprache, die anglischen Mundarten weit bedeutsamer
wurden. Auf die wichtigsten Unterschiede dieser Mundarten vom
Ws. ist daher zumindest hinzuweisen.

Anm. 2. Von den Mundartformen der Ostsachsen und Mittelsachsen wissen
wir aus ae. Zeit so gut wie nichts; reicher wird die Überlieferung erst im 12. Jahr-
hundert (Abschriften der ae. Evangelienübersetzung). Das Kentische kennen wir
aus Urkunden und Glossen hinlänglich. Das Nordhumbrische ist uns aus einigen
alten Inschriften und kurzen Gedichten, dann aus dem 10. Jahrhundert in den
umfangreichen Glossen zu den lateinischen Evangelientexten der Hs. von
Lindisfarne, einem Ritualbuch aus Durham und den (eine andere Mundartform
darstellenden) Glossen zu den Evangelien Marcus, Lucas und Johannes im
Rushworth-Codex (sog. Rushworth[2]) bekannt. Als mercisch werden außer
kleineren Denkmälern die Glosse zum Psalter in der Handschrift Vespasian
A 1 (Brit. Mus. Cottoniana, sog. Vespasian-Psalter) und zum Evangelium
Matthäus im Rushworth-Codex (sog. Rushworth[1]) angesehen, die ebenfalls nicht
dieselbe Mundartform zeigen.

Abgesehen von einigen Runeninschriften sind die ae. Texte in
lateinischen Buchstaben geschrieben, jedoch in einer in Irland ent-
standenen und in England weitergebildeten Form (Insulare). Die
Schreiber haben dabei mit den einzelnen Zeichen jedenfalls den ihnen
in der Schulaussprache des Latein, die von Irland beeinflußt gewesen
sein wird, zukommenden Lautwert verbunden. Soweit die lateinischen
Buchstaben zur Niederschrift des Englischen nicht ausreichten, muß-
ten sie neue Zeichen oder Zeichenverbindungen erfinden.

Bei den Vokalen unterschied das Ae. phonemisch kurze und
lange Vokale. Dieser Unterschied blieb meistens wie im Lateinischen
unbezeichnet (doch s. § 2 Anm. 1). Die Qualität der ae. Vokale ist
nur zu erschließen. Jedenfalls kannte das Ae. einfache Vokale und zwar
ein *a, e, i, o, u* und ein *ü.* Diese werden mit den üblichen lateinischen
Buchstaben, *ü* mit *y* bezeichnet. Außerdem kannte das Ae. einen offe-
nen *ä*-Laut, der mit der Ligatur *œ* bezeichnet wird. Kurze und lange
einfache Vokale dürften (nach der Dehnung vor gewissen Konsonanten-
verbindungen zu schließen, s. § 2 Anm. 2) qualitativ nicht stark unter-
schieden gewesen sein, zumindest bis zum Ausgang der ae. Zeit. Früh
und mundartlich kannte das Ae. auch einen *ö*-Laut, der mit *oe* bezeich-
net wurde, er wurde aber mundartlich zu verschiedener Zeit zu *e* ent-
rundet. An Diphthongen kannte das Ae. ein [æʊ] oder [æə], das mit *ea*
bezeichnet wurde, ein [eʊ], das *eo* und ein [ɪʊ], das *io* geschrieben wurde.
Diese beiden sind im Laufe der Zeit weitgehend zusammengefallen
(s. § 19). Außerdem hatte sich nach einfachen (kurzen und z. T. auch
langen) Vokalen vor bestimmten Konsonanten oder vor einem *a* oder
o/u der Folgesilbe ein Gleitlaut (s. § 4 und § 7) entwickelt, den die
ae. Schreiber schriftlich auszudrücken nötig fanden. Sie schrieben für
ihn in Verbindung mit [æ] *ea,* mit [e] *eo* und mit [i] *io,* wobei letztere
in Schreibung (und wohl auch Aussprache) weitgehend zusammen-
fielen (wie bei den Diphthongen). Ob mit altws. *ie* auch ein Diphthong
gemeint ist, kann fraglich sein, weil daneben oft *i* geschrieben wird,
auch *ie* für *i* vorkommt und später (gemeinws.) dafür *y* eintritt. Es
könnte sich um eine Schreibung für getrübtes [ī] handeln, das einem
ü-Laut ähnlich klang. Gleitlaute nach palatalen Konsonanten (s. § 28
und § 40) vor *œ* wurden ebenfalls mit *ea* bezeichnet, das in diesem Fall
zuerst wohl steigend war ([ɪæ]), später aber vielleicht [ɛə] wurde; für *e*
kommt in solchen Fällen auch *ie,* später *y* (neben *i*) vor, das wohl auch
ein [ī] bedeutete. Auch zur Bezeichnung von vielleicht gehörten Gleit-
lauten zwischen *j* und *sc* und *a, o* und *u* verwendete man dieselben Zei-
chenverbindungen, doch bedeutet *ea* dann [ɪa], *eo* [ɪo] und *eo* auch [ɪu].
Möglicherweise handelt es sich aber hierbei bloß um Schreibungen,
welche die palatale Aussprache der Konsonantenzeichen andeuten
sollen.

Anm. 3. Wir bezeichnen aus drucktechnischen Gründen diese Zeichenverbin-
dungen, wenn sie auf alte Diphthonge oder lange einfache Vokale zurückgehen, mit
dem Längezeichen über dem ersten Buchstaben, also ěa, ěo, ǐo; wenn sie auf kurze
einfache Vokale zurückgehen, lassen wir sie ohne besondere Bezeichnung. Soweit
sie nach palatalen Kons. auf a, o oder u zurückgehen, setzen wir ˏ unter das e
(also ęa, ęo).

Von den Konsonantenzeichen behielten *p, t, b, d* den lateini-
schen Lautwert, *c* bezeichnete aber einen k-Laut, der aber im Laufe
der ae. Zeit, wenn er palatal war (s. § 40 und 41), in [tš] überging. Das
insulare Zeichen für *g* ist ʒ (das wir hier beibehalten), es bezeichnete so-
wohl den stimmhaften Verschlußlaut [g] wie den palatalen, der im Laufe
der ae. Zeit zu [dž] wurde (allerdings außer nach *n* meist *cʒ* geschrieben),
wie auch den palatalen Reibelaut [j] und den gutturalen [ɣ]. *sc* wurde
im Laufe der ae. Zeit zu [š]. *f* und *s* bezeichnen sowohl die stimmlosen
wie die stimmhaften Reibelaute (also [f] und [v], [s] und [z]). Für den
postdentalen Reibelaut übernahm man aus der Runenschrift þ und
verwendete daneben unterschiedslos auch ð, sie sind also sowohl [þ]
wie [ð].

Anm. 4. Für den Halbvokal [w] verwendete man ae. das Runenzeichen Ρ
(*wynn*). Wir ersetzen es um Verwechslungen zu vermeiden durch *w*.

II. Lautlehre

I. Abschnitt. Vokale

A. Die Vokale der Wurzelsilben

§ 2. Die normalen Wurzelsilbenvokale des Altenglischen sind:

a) Kurze Vokale:

a: = germ. *a* § 9, 1. 2, b. c.

æ: 1) = germ. *a* § 9, 2, a und Anm. 5; — 2) bisweilen = Umlauts-*e*
§ 9, 1 und Anm. 8.

e: 1) = germ. *ē* § 10, 1; — 2) = *i*-Umlaut von germ. *a* (von ae. *æ*
und *a, o* vor Nasal) § 9, 1. 2, a; — 3) = *i*-Umlaut von *o* (älter
und dialektisch *oe*) § 11; — 4) = Vereinfachung von ae. *ea* vor
Gutturalen und nach Palatalen § 9 Anm. 11; — 5) bisweilen
= *i*-Umlaut von *ea* § 9, 2, c. d.

i: 1) = germ. *i* (bzw. *ē*) § 10, 1; — 2) wechselnd mit dem spätws.
(unfesten) *y* (aus altws. *ie*) § 9, 2, c. d; § 10, 2 A. 3; — 3) später
in einigen Fällen für festes *y*, § 11 Anm. 5.

o: 1) = germ. *u* § 11; — 2) *o* vereinzelt = *eo* nach *w* § 10 Anm. 11.
— 3) mit *a* wechselnd = germ. *a* vor Nasalen § 9, 1.

u: 1) = germ. *u* § 11 und Anm. 1; — 2) für ae. *io, eo* nach *w* § 10
Anm. 11.

y: 1) (festes) *y* = *i*-Umlaut von *u* § 11; — 2) spätws. (unfestes)
y, mit *i* wechselnd (aus altws. *ie*) = *i*-Umlaut von *ea, eo* § 9, 2,
c. d; § 10, 2 A., oder = germ. *ē* nach Palatalen § 10, 3; —
3) später in einigen Fällen für *i* § 10 Anm. 4.

b) Lange Vokale:

ā: 1) = germ. *ai* § 17; — 2) seltener = germ. *ǣ* § 12, b und Anm. 3.

ǣ: 1) sächs. = germ. *ǣ* § 12, a; — 2) *i*-Umlaut von germ. *ai*, ae. *ā*
§ 17.

ē: 1) = germ. *ē* § 13; — 2) angl. kent. = germ. *ǣ* § 12, 1 a; —
3) = *i*-Umlaut von ae. *ō* (älter und dialektisch *ōē*) § 15; § 9
Anm. 2; § 12, d; — 4) Vereinfachung von *ēa* vor und nach und
von *ēo* vor Gutturalen § 18 Anm. 2; § 19 Anm. 4.

$\bar{\imath}$: 1) = germ. $\hat{\imath}$ § 14; — 2) = germ. *in* vor Spiranten § 10 Anm. 3;
— 3) wechselnd mit spätws. (unfestem) $\bar{y}$ (aus altws. $\bar{\imath}e$) § 18,
§ 19.

$\bar{o}$: 1) = germ. $\hat{o}$ § 15; — 2) germ. $\hat{\mathit{æ}}$ vor Nasalen § 12, d; —
3) = germ. nasaliertem $\bar{a}$ § 12, d; — 4) = germ. *an* vor
Spiranten § 9 Anm. 2.

$\bar{u}$: 1) = germ. $\hat{u}$ § 16; — 2) = germ. *un* vor Spiranten § 11 Anm. 2.

$\bar{y}$: 1) (festes) $\bar{y}$ = *i*-Umlaut von $\bar{u}$ § 16; — 2) spätws. (unfestes)
$\bar{y}$, mit $\bar{\imath}$ wechselnd (aus altws. $\bar{\imath}e$) = *i*-Umlaut von ags. $\bar{e}a$ und
$\bar{e}o$ § 18; § 19.

   c) kurze Diphthonge:

ea: = germ. *a* in bestimmten Stellungen: § 9, 2, c. d. e.

eo (*io*): 1) = germ. $\check{e}$, *i* in bestimmten Stellungen: § 10, 2; —
2) = germ. *o, u* nach *j* § 11 Anm. 3.

   d) lange Diphthonge:

$\bar{e}a$: 1) = germ. *au* § 18; — 2) durch Kontraktion von *ea* (germ. *a*)
und Velarvokal § 9 Anm. 14; — 3) germ. $\hat{\mathit{æ}}$ durch Brechung
§ 12, c; — 4) = germ. $\hat{\mathit{æ}}$ nach Palatalen § 12 Anm. 2.

$\bar{e}o$ (*io*): 1) = germ. *eu* § 19; — 2) germ. $\hat{\imath}$ durch Brechung (über $\bar{\imath}o$)
§ 14; — 3) durch Kontraktion von germ. $\check{e}$, *i* § 10, 4, und germ. $\hat{\imath}$
§ 14 Anm. 1, mit anderen Vokalen; — 3) = germ. $\hat{\mathit{æ}}$ (ae. $\bar{o}$)
vor Nasal) in *ʒeōmor* § 12 Anm. 2.

Anm. 1. Die Länge der einfachen Vokale und Diphthonge wird in den
Hss. meist nicht bezeichnet, nur gelegentlich, besonders in älteren Hss., findet
sich Doppelschreibung einfacher Vokale (z. B. *aa* immer, *huus* Haus). Die in
den Hss. häufig vorkommenden Akzente (in der Form eines Akuts, oft mit
einem Abstrich am oberen Ende) hat man lange für Längezeichen gehalten, doch
stößt die Ansetzung etymologischer Längen auf Grund dieser Akzente auf der-
artige Schwierigkeiten, daß man jetzt der Ansicht ist, daß sie bloß zur Hervor-
hebung gewisser Silben oder Laute überhaupt dienen. Man ist daher von der
Verwendung des Akuts als Längezeichen in modernen Wiedergaben ae. Texte
abgekommen und verwendet hierfür das übliche grammatische Länge-
zeichen (¯).

Anm. 2. In diesem Buche werden durch das Längezeichen als lang
bezeichnet alle Vokale (Diphthonge), deren Länge durch die Etymologie ge-
stützt wird (germ. lange Vokale und Ersatzdehnungen, bzw. Kontraktionen).
Ebenso sind als lang bezeichnet die im Auslaut gedehnten, ehemals kurzen
Vokale (z. B. *nū* nun, *hwā* wer, *hē* er). — Doch ist durch die spätere Lautentwick-

lung die Annahme gerechtfertigt, daß die me. deutliche Dehnung vor Nasal oder Liquida und stimmhaften Verschluß- und Reibelauten (z. B. *hǎnd, hǒnd* für *hand, hond* Hand, *wǒrd* für *word, ǎld*) schon in ae. Zeit eingetreten ist. Diese zeitlich nicht genau festlegbaren Dehnungen sind in diesem Buch nicht bezeichnet.

Anm. 3. Nur frühws. und angl. kommt *oe, oē* (entsprechend deutsch *ö*) als *i*-Umlaut von *o, ō* vor.

Geschichtliche Entwicklung der Wurzelsilbenvokale

§ 3. Die urgermanischen Vokale sind a) Kürzen: *a, ē, i,* (*o* § 11), *u*; b) Längen: *ǽ, ê, î, ô, û*; Diphthonge: *ai, au, eu.*

Bevor die Entwicklung der einzelnen Vokale dargestellt wird, sollen in den folgenden Paragraphen einige Erscheinungen zusammengefaßt werden, die sich auf mehrere Vokale erstrecken.

§ 4. **Brechung** nennt man im Ae. die Spaltung eines einfachen Vokals in einen Diphthongen unter dem Einfluß von Folgekonsonanten. Es findet sich so: a) Diphthongierung von germ. kurzem *a* zu *ea*, kurzem *ē* zu *eo*, kurzem *i* zu *io* (später *eo*) durch unmittelbar folgendes germ. *rr*; *ll*; *r, l, h* + Konsonant (außer *j*); sowie durch einfaches *h*; — b) Diphthongierung von germ. *ǽ* zu *ēa* und von germ. *î* zu *īo* (später *ēo*) durch folgendes einfaches *h* oder *h* + Konsonant.

Die Brechung wirkt nicht gleichmäßig: am meisten durchgeführt ist sie vor *r* und *h*, weniger vor *l*, s. § 9, 2, c und § 10, 2, A.

Die Brechungsdiphthonge *ea, eo, io, ēa, ēo, īo* können verändert werden durch *i*-Umlaut (§ 5) und durch benachbarte Gutturale (§ 6). Die Brechung ist demnach vor dem *i*-Umlaut eingetreten.

Anm. Die Lautfolgen *lj* und westgerm. *rj* (aus germ. *rj* oder *zj*) verursachen keine Brechung.

§ 5. Durch ein der Tonsilbe ursprünglich folgendes *i* oder *j* wird der Vokal dieser Silbe palatalisiert: *i*-Umlaut. Der *i*-Umlaut ist bereits in vorliterarischer Zeit eingetreten, im überlieferten Ae. sind die ihn bewirkenden *i* oder *j* meist schon zu *e* geworden oder geschwunden, so daß nur durch Vergleichung des Alts., Gotischen usw. die Ursachen des Umlauts festzustellen sind.

Der *i*-Umlaut ist im Ae. sehr verbreitet. Er betrifft folgende Vokale: ae. *æ* und *a, o* vor Nasal (= germ. *a*) > *e* bzw. *æ*, s. § 9, 1. 2, a und Anm. 8; ae. *ā* (= germ. *ai*) > *æ* s §·17; — ae. *o* über *oe* > *e,*

s. § 11; ae. ō über ōē > ē, s. § 9 Anm. 2; § 12; § 15; — ae. u < y,
s. § 11 und Anm. 5; ae. ū > ȳ, s. § 16; § 11 Anm. 2; — ea und ēa
im Ws. über altws. ĭe > y̆(ĭ), außerws. ĕ, s. § 9, 2, c. d und Anm. 9;
§ 18; ae. io (eo) und īo (ēo) im Ws. über altws. ĭe > y̆(ĭ), s. § 10, 2, A
und § 19.

Anm. Als i-Umlaut bezeichnet man gewöhnlich nicht den weit älteren
Übergang des germ. ē zu i, s. § 10, 1.

§ 6. Veränderungen von Vokalen (Diphthongen) durch voraus-
gehende oder folgende gutturale (palatale oder velare) Kon-
sonanten:

a) Durch vorausgehende palatale Konsonanten (s. § 40)
werden einfache Vokale oft diphthongiert. In Betracht kommt:
nach germ. k (ae. c) und germ. j, g (ae. ʒ): ae. æ (germ. a nach
§ 9, 2, a) zu ea, s. § 9, 2, d. — ws. ǣ (germ. ǣ nach § 12, a) zu ēa,
s. § 12 Anm. 2. — ae. e (germ. ë) zu altws. ie, i, spätws. i, y, s. § 10, 3;
weiter nach germ. j: ae. u (germ. u) zu ęo, s. § 11 Anm. 3, ae. o
zu ęo, s. § 9 Anm. 3 und § 11 Anm. 3. Diese Diphthongierungen
liegen vor dem Eintreten des i-Umlauts, durch diesen wurde z. B.
ae. ĕa im Ws. weiter zu ĭe, ĭ, y̆ verändert. Einer späteren Zeit ge-
hören solche Schreibungen nach ae. sc an, so ae. a (germ. a nach
§ 9, 2, b) zu ęa, s. § 9 Anm. 12, — ae. ā (germ. ai § 17) zu ęā, aber
ae. æ (germ. ai mit i-Umlaut § 17) zu ēa, s. § 17 Anm., — ae. a, o
vor Nasal (§ 9, 1) zu ęa, ęo, — ae. ŏ zu ęŏ, s. § 9 Anm. 3; § 11 Anm. 3
— ae. e (germ. a vor Nasal mit i-Umlaut, § 9, 1) zu ie, doch führten
diese Diphthongierungen z. T. nur zu steigenden Diphthongen
(Entwicklung von Gleitlauten).

b) Durch folgende Gutturale werden Diphthonge vereinfacht
oder sonst verändert. Derart stehen im Anglischen für alte (§ 18;
§ 19) oder durch Brechung vor h (§ 4) zu erwartende Diphthonge
Monophthonge (Ebnung), so æ, e für ea, ē für ēa, ĕ für ĕo, ĭ für ĭo.
In südenglischen Mundarten steht im späteren Ae. für ĕa vor h,
c, ʒ (palatal oder velar) ĕ, statt eo vor ht und hs oft schon altws.
ie, i (Palatalumlaut), s. § 9, Anm. 11; § 10, 2, A, c; § 12, c; § 18
Anm. 2.

Anm. 1. Die Ebnung tritt im Angl. nicht nur ein, wenn der Guttural,
unmittelbar auf den Diphthong folgt, wie in *sæh* sah, *feh* Vieh, *tihhian* anordnenl
= ws. *seah, feoh, tiohhian, (teohhian)*, sondern auch wenn ein Konsonant da-

zwischen steht: *mærʒ* Mark, *berʒ* Berg, *birhtu* Klarheit, = ws. *mearʒ, beorʒ, bierhtu* (§ 9 Anm. 10; § 10 Anm. 7).

Anm. 2. Wie weit die Ebnung einen Lautwandel andeutet, ist unsicher. Die Diphthongschreibung könnte unterlassen worden sein, weil ein Gleitlaut zwischen hellen Vokalen und Velaren als selbstverständlich galt. Den südengl. Schreibungen liegt aber sicher ein Lautwandel zugrunde.

§ 7. Als Velarumlaut bezeichnen wir die Diphthongierung des germ. *a* zu *ea*, germ. *ē* zu *eo*, *i* zu *io* (*eo*) vor einem alten *u*, *o* oder *a* in der Folgesilbe, meist bei dazwischenstehender einfacher Konsonanz: s. § 9, 2, e und Anm. 13; § 10, 2, B und Anm. 8. 9. Der Velarumlaut ist im Ws. wenig entwickelt, in den anderen Mundarten ist er verbreiteter. Er ist erst Ende des 7., Anfang des 8. Jahrh. eingetreten.

Anm. 1. Je nach dem Vokal, der in der Folgesilbe steht oder stand, spricht man von *u*-Umlaut oder *a/o*-Umlaut.

Anm. 2.   Vor Gutturalen ist die Schreibung des Velarumlauts selten, anglisch fehlt sie ganz, daher merc. *dæʒum, dæʒas*, merc. u. ws. *reʒol, siʒor*, aber *featu, feata* u. ä.

§ 8. Kontraktion. Ziemlich oft ist im Ae. der Vokal einer Wurzelsilbe mit dem Vokal einer Nebensilbe nach Ausfall eines zwischenstehenden Konsonanten (meist *h*, seltener *w*, *j*) kontrahiert. Oft absorbiert dabei der Vokal der Wurzelsilbe einfach den der Nebensilbe, z. B. *tā* (alt *tāhæ*) Zehe, *fōn* (aus **fōhan*) fangen, *tēon* (aus **tēohan*) ziehen. Andererseits entstehen aber auch neue (lange) Diphthonge, und zwar da wo germ. *a, æ, ē, i, î* mit dem Vokal einer Nebensilbe (zumal *a, o, u*) kontrahiert werden. Und zwar *a* > *ēa*, s. § 9 Anm. 14, *æ* > *ēa*, s. § 12, c, *ē* (*i*) > *ēo* (*īo*), s. § 10, 4 und *ī* > (*īo*), *ēo*, s. § 14 Anm. 1.

a) Kurze Vokale

§ 9. Germ. **a** (got., ahd. *a*) ist im Ae.:

1. Vor Nasalen ein dumpferer *a*-Laut, der stellenweise zu *o* gerundet wird. In den ältesten und spätesten Texten wird meist *a* geschrieben, in ws. und kent. der mittleren Zeit *a* neben *o*, in anglischen meist *o*. Durch *i*-Umlaut wird dieser Laut zu *e*, nur mundartlich (südöstlich) zu *æ*. Z. B. *nama* und *noma* Name, *man* und *mon* Mann, dazu Plur. *men*, mundartl. *mæn*, *stranʒ* und *stronʒ*,

Kompar. *strenʒra, sand* und *sond* Bote, dazu *sendan*, mundartl. *sændan* (got. *sandjan*) senden.

Anm. 1. Das Nebeneinander von *a* und *o* in manchen Texten hat satz-melodische Ursachen; mundartlich verschieden wurde *a* oder *o* verallgemeinert. In einigen minderbetonten Wörtern ist *o* gemeinae.: Adv. *þonne, hwonne*; Praep. *on*, Pronominalformen wie Akk. Sg. *þone* (§ 84), *hwone* (§ 86).

Anm. 2. Bei Ausfall des Nasals vor Spiranten (§ 31) ist *a* zu *ō* geworden, bei *i*-Umlaut zu *ē* (über *ōē*), z. B. *ōðer* (got. *anþar*) ander, *ʒōs* Gans, Pl. *ʒēs*.

Anm. 3. Wie das nach Pkt. 2, b entstandene *a* bleibt *a*, *o* vor Nasal nach ae. *c*, *ʒ* unverändert, z. B. *ʒanʒan, ʒonʒan*, weil *c*, *ʒ* velar waren (s. § 40). Nach germ. *j* ist aber in *beʒeondan* Diphthongierung eingetreten (doch ist diese Deutung unsicher, es könnte Velarumlaut von *e* nach § 10, 2, B, vorliegen, weil ws. Formen mit *a* fehlen, dazu nordh. *beʒeanda* mit *ea* nach § 10 Anm. 10). Nach *sc* kommt *ea, eo* in allen Mundarten vor, z. B. *sceamu, sceomu* neben *scamu, scomu* Schande; bei *i*-Umlaut steht ws. *ie, i, y*, z. B. *sciendan, scindan, scyndan* (angl. kent. *scendan*) schänden.

Anm. 4. Durch Metathesis nach der bereits erfolgten Verdumpfung des *a* erklären sich die Praet. *arn, orn* lief, *barn, born* brannte (st. Vb. III, § 93). Ebenso mit *i*-Umlaut *ærnan* sprengen, laufen lassen, *bærnan* verbrennen.

2. In allen anderen Stellen wurde *a* zu einem helleren Laut, der sich mehrfach weiterentwickelt hat. Er erscheint im historischen Ae.: a) als *æ* in einsilbigen Wörtern und in mehrsilbigen von einem *e* in der Folgesilbe außer den unter c) und d) besprochenen Sonder-fällen. Z. B. *dæʒ* Tag, *sæt* saß, *smæl* klein (ne. *small*), *stæf* Stab, *æcer* Acker, *mæʒen* Kraft (ne. *main*), Gen. Sg. *dæʒes*, Dat. *dæʒe* zu *dæʒ*, *fæder* Vater, *fæʒen* froh (ne. *fain*). Bei *i*-Umlaut wird es zu *e*, vor Konsonantengruppen bleibt manchmal *æ*, z. B. *settan* (got. *satjan*) setzen, *sele* (as. *seli*) Saal, aber *hæftan* (got. *haftjan*) heften, *fæstan* befestigen, doch stets *restan* rasten und *rest* Rast. — b) Als *a* in mehrsilbigen Wörtern vor einem (erhaltenen oder zu *e* ab-geschwächten) *a, o, u* der Folgesilbe (außer in den unter c), d), e) besprochenen Fällen) und vor *w*, dem kein *i* folgte. Z. B. Plur. Nom. *daʒas*, Gen. *daʒa*, Dat. *daʒum* zu *dæʒ* Tag, *nacod* nackt, *hafoc* Habicht, *hara* Hase, *lappa* Lappen, *habban* haben, *wascan* waschen, *hafela* (neb. *hafola*) Haupt, *staðelian* sammeln, dann auch vor dem aus -*ôj*- entstandenen Suffix -*i*- der schw. Vb. II. (§ 104), z. B. *macian* (alts. *macôn, macôian*) machen; weiter (vor *w*), Gen. Dat. Sing. *clawe* zum Nom. *clēa* (s. § 18 Anm. 1) Klaue, *awel* Ahle. — c) Unter den

Vorbedingungen der Brechung (§ 4) vor *rr, r* + Kons. ziemlich all-
gemein als *ea*, nur in den angl. Mundarten auch als *a*; vor *ll, l* + Kons.
im Ws. und Kent. als *ea*, im Angl. als *a* (s. Anm. 9); vor *h* als *ea*
außer im Angl. (wo wegen Ebnung § 6, b *æ* steht). Bei *i*-Umlaut
erscheint statt *ea* altws. *ie, i*, spätws. (unfestes) *y* oder (bes. vor *h*)
i, angl. kent. *e*. Z. B. *earm* arm, ws. kent. *eald*, angl. *ald* alt, ws.
kent. *eall*, angl. *all* all, *eahta*, angl. *æhta* acht, *meaht*, angl. *mæht*
Macht, *neaht*, angl. *næht* Nacht, dazu Umlautformen ws. *mieht, miht*
(*myht*), angl. *meht*, ws. *nieht, niht* (*nyht*), angl. *neht*, Komp. ws. *ieldra,
yldra* (*ildra*), kent. *eldra* zu *eald*, ws. *iermðu, yrmðu*, merc. *ermðu*
(ahd. *armida*) Armut. — d) Nach Palatal ws. und z. T. nordh. *ea*,
bei *i*-Umlaut ws. *ie, i, y*, außerws. *e*, z. B. *ȝeaf, ȝæf* gab, *ceastre,
cæstre* (lat. *castra*) Stadt, ws. *scieppan, scyppan* (*scippan*), außerws.
sceppan schaffen (got. *skapjan*), ws. *ȝiest, ȝist, ȝyst*, außerws. *ȝest*
(Stamm *ȝasti-*) Gast. — e) Durch Velarumlaut *ea*, gemeinae.
nur in *ealu* Bier (ne. *ale*), s. Anm. 13.

Anm. 5. Durch Ausgleich zwischen Formen mit hellem und dunklem
Endungsvokal ergeben sich manchmal Ausgleichsformen zwischen *a* und *æ* in
der Stammsilbe, z. B. beim Adj. Gen. Sing. *hwates*, Instr. *hwate* zum Nom. *hwæt*,
oder im Imp. und Part. Prät. der st. Vb. VI Imp. *far*, Part. *ȝrafen* und *ȝræfen*
(s. § 96).

Anm. 6. Im Kent. und Merc. (Vesp. Psalter) steht *e* allgemein für *æ*, z. B.
deȝ Tag, *set* saß.

Anm. 7. Im Merc. (aber nicht in Rushw.[1]) ist *a* auch vor *a, o, u* frühzeitig
zu *æ* weiter entwickelt worden; in den erhaltenen Texten sind aber diese *æ* meist
nur vor Gutturalen (§ 6 b; § 23; § 40) fest geblieben (z. B. *dæȝa, dæȝum*), vor
andern Kons. durch Velarumlaut zu *ea* geworden (also z. B. *featu, feata*). Einen
ursprünglich helleren Laut als *a* setzen auch die anderen Mundarten wegen des
Eintretens der Brechung vor später ausgefallenem *h* voraus, z. B. ws. *slēan*
aus **sleahan*.

Anm. 8. Statt *e* erscheint *æ* durch *i*-Umlaut in gewissen dreisilbigen
Formen mit der ursprünglichen Lautfolge *a-u-i*, z. B. *ȝædelinȝ* Verwandter (vgl.
as. *gaduling*), *ætȝædere* zusammen, *æðelinȝ* Edler, ferner durch den Einfluß nicht
umgelauteter verwandter Formen, z. B. *hæbbe* ich habe, ws. *sæcȝan* neben *secȝan*
sagen (wegen anderer Präsensformen mit der Endung *-að*), *hæleð* Held (wegen
einer Form mit dunkelvokaligem Suffix); außerdem in dem Lehnwort *læden*
(vulgärlatein. *ladīnus*).

Anm. 9. *a* statt *ea* vor *ll, l* + Kons. kommt auch in ws. Texten und kent.
gelegentlich vor. Soweit nicht Dialektmischung (z. B. bei Abschriften) vorliegt,
mögen satzmelodische Ursachen vorliegen. Ebenso findet sich *e* als *i*-Umlaut

von *ea* manchmal auch in ws. Texten. Soweit vor *rr, r* + Kons., *ll, l* + Kons.
a statt *ea* stand, ist der *i*-Umlaut *æ*, also *ærmðu, ældra*.

Anm. 10. Keine Brechung tritt ein bei erst durch Metathesis entstandenen
r + Kons.-Gruppen, wie *ʒærs* Gras, *bærst* barst; im Angl. auch nicht vor *rʒ,
rc, rh* (s. § 6, Anm. 1), daher angl. *mærʒ*, ws. *mearʒ* Mark.

Anm. 11. Spätws. steht für *ea* vor *h* oft *e*, z. B. *ehta* acht; auch für *ea*
nach Palatalen kommt *e* vor, z. B. *ʒef* gab, *celf* (für *cealf*) Kalb.

Anm. 12. Das *ea* nach Palatal steht auch ws. nur da, wo sonst nach
Pkt. 2, a ein *æ* zu erwarten wäre. Hingegen bleibt *a* (nach Pkt. 2, b) auch nach
ʒ, c unverändert, z. B. *ʒalan* singen, *caru* Sorge. Für *sca-* wird dagegen ws. (auch
nordh.) oft *sceu-* geschrieben, so *sceacan* neben *scacan* schütteln, doch sind diese *ęa*
höchstens Schreibungen für Gleitlaute vor *a* (vgl. § 6, a).

Anm. 13. *ea* durch Velarumlaut ist in strengws. Prosa nicht üblich:
dort herrschen abgesehen von *ealu* nur Formen wie *caru* Sorge, *afora* Nachkomme.
Häufiger ist der Umlaut in poetischen Texten (*cearu, eafora*), am stärksten ist
er im Merc. (Vesp. Psalter) ausgebildet, z. B. *fearan* = ws. *faran*, doch fehlt er
auch hier vor Gutturalen (*dæʒum, dæʒas* gegen *featu*, vgl. § 7, Anm. 2).

Anm. 14. Langes *ēa* entsteht durch Kontraktion eines *ea* mit einem
velaren Vokal der folgenden Silbe (nach Ausfall eines *h*), z. B. *slēan* (got. *slahan*)
schlage, *ēa* (got. *aƕa*) Fluß.

§ 10. Germ. **e** (*ē*) und **i** (got. zusammengefallen in *i*, bzw. vor
r, h in *ai = e*) sind:

1. In vielen Fällen erhalten, doch wurde wie in den anderen
west- und nordgerm. Sprachen *ē* zu *i* vor *i, j* der Folgesilbe und vor
Nasal + Kons., wie im Altfriesischen und Alts. auch vor einfachem *m*.
Umgekehrt ist *i* in einigen Fällen vor einem (ae. nicht mehr er-
haltenen) *a, o* der Folgesilbe zu *ē* geworden. Beispiele: altes *ē: wĕder*
Wetter, *þeʒn* Diener, Präsensformen (st. Vb. III. IV. V § 93—95)
wie *hĕlpan, sprĕcan, cwĕðan*; altes *i: witan* wissen, *bite* der Biß, und
in den st. Vb. I (§ 91), z. B. Pl. Prät. *bitun*, Part. Pt. *biten*; — neues *i*:
blind blind, *hrinʒ* Ring, Präsensformen st. Vb. IIIa (§ 93) *bindan,
swimman*, und vor einfachem *m*: *niman* (ahd. *nĕman*) nehmen;
biddan (alts. *biddian*) bitten (§ 95), *sibb* (got. *sibja*) Sippe; — neues *ē*:
wĕr Mann (lat. *vir*), *nĕst* (lat. *nīdus* aus **nizdos*) Nest, *spĕc* neben
spic Speck, aber ae. *lifer* Leber, *liccian* (sw. Vb. II) lecken.

Anm. 1. Der Umfang des Überganges von altem *i* zu *ĕ* ist unklar, er ist
ae. nicht so häufig wie ahd., aber ungefähr wie altsächs.

Anm. 2. Infolge der Einwirkung des *i, j* auf vorhergehendes *ĕ* (§ 10,1)
ergibt sich bei vielen Wortstämmen ein Wechsel zwischen *ĕ* und *i*, z. B. bei den
st. Vb. III—V durch die Endung der 2. 3. Sg. Praes. (früher *-is, -iþ*): *hĕlpan*,

1. Sg. *hĕlpe*, aber *hilp(e)st, hilp(e)đ*; *cwĕđan* reden, aber *cwide* (alts. *quidi*) Rede; zu *biddan* Part. Pt. *bĕden* (alts. *biddian*, aber *gibĕdan*).

Anm. 3. Bei Ausfall des Nasals vor Spiranten (§ 31) wird *i* zu *ī*, z. B. *fīf* (got. *fimf*) fünf, *sīđ* Weg (vgl. got. *sinþs*).

Anm. 4. Nach *w* wird nordh. *ĕ* oft zu *oe* gerundet, z. B. *woeʒ* Weg, *woer* Mann, ebenso auch Umlauts-*e* (§ 9, 1, 2) *twoelf* zwölf. *y* für *i* findet sich in spätws. Texten nach *w* und neben anderen Labialen, z. B. *wyllan* wollen, *lybban* leben, *clypian* rufen, manchmal auch in anderen Stellungen, z. B. *dryncan* trinken, *cyrice* Kirche, sehr oft in *mycel* viel (nach *lȳtel*) und in satznebentonigen Wörtern, wie *ys* ist, *synt, syndon* sind und im Pers.-Pron. der 3. Pers. *hyt, hym* usw. (s. § 83 Anm.).

2. Durch **Brechung** (§ 4) oder **Velarumlaut** (§ 7) ist *ĕ* zu *eo* und *i* zu *io* geworden. Diese Bezeichnungen sind nur im Nordh. bis ans Ende der ae. Zeit getrennt (doch tritt für *eo* teilweise *ea* ein). Im Merc. und Ws. sind die *io* im Laufe des 9. Jahrh. in *eo* übergegangen, so daß nur die ältesten Texte Reste der *io*-Schreibungen bewahrt haben. Außerdem wurde im Ws. *io* unter den Bedingungen des *i*-Umlauts (§ 5) zu altws. *ie*, welches mit dem *i*-Umlaut von *ea* (§ 9, 2, c) zusammenfiel und später wie dieses in *i, y* überging. Da das der Brechung ausgesetzte *i* meist vor ableitendem *i, j* stand, sind die Belege für *io* (*eo*) im Ws. sehr selten. In den übrigen Mundarten wurde aber *io* durch *i*-Umlaut nicht weiter verändert. Im Kent. wird für *eo* weitgehend *io* gesetzt (daneben auch *ia*).

A. **Brechung** von *e* und *i* trat ein: a) vor *rr, r* + Kons. regelmäßig, z. B. *heorte* Herz, *feorh* (as. *fĕrah*) Leben, *weorpan* (as. *wĕrpan*) werfen und dazu 3. Sing. Präs. Ind. (s. Anm. 2) ws. *wierpđ, wirpđ, wyrpđ*, (as. *wirpid*) wirft, *beorht* glänzend, dazu ws. *bierhtu, birhtu, byrhtu* (Abstraktum auf -*î*, § 51) Glanz, nordh. kent. *hiorde*, merc. *heorde*, ws. *hierde, hirde, hyrde* Hirt. b) vor *lh*, z. B. *seolh* Seehund, dazu mit Ausfall des *h* und Dehnung nach § 43, b Gen. Sing. *sēoles*; ebenso *fēolan* (über **feolhan*, got. *filhan*) haften. c) vor *h*, doch erscheinen in den anglischen Mundarten wegen Ebnung (§ 6, b) keine Diphthonge, ws. und kent. sind sie vor *ht, hs, hþ* außer wenn dunkle Vokale folgen zu altws. *ie, i*, spätws. und kent. meist *i* (ws. *y* ist selten) umgewandelt (Palatalumlaut § 6, b). Z. B. vor einfachem *h*: *feoh* Vieh (flektiert mit Kontraktion *fēos* usw.), Imperativ *seoh* sieh (dazu der kontrahierte Inf. *sēon*, alts. *sĕhan*), angl. *feh, seh*; vor *h* + Kons. *teoh* für **tiohh* Reihe, altws. *tiohhian* (angl. *tihhian*).

später *teohhian* anordnen, ws. *feohtan*, angl. *fehtan* fechten, aber ws. *riht*, seltener *ryht* recht (altkent. *riaht, reoht*, später auch *riht*, angl. *reht*); mit in flektierten Formen eingetretenem *i*-Umlaut altws. *siex*, später *six, syx*, aber ohne *i*-Umlaut angl. *sex* sechs usw.

Anm. 5. Vor *lc* scheint Brechung nur bei vorangehendem *s* eingetreten zu sein, so *āseolcan* erschlaffen, aber *mēlcan* melken. Vor *lf* ist die Brechung fast nur außerws. in *seolf* selbst, ws. gew. *self* (über späteres ws. *silf, sylf* s. Anm. 14).

Anm. 6. Über die Entwicklung der Brechungsdiphthonge nach *w* s. Anm. 11.

Anm. 7. Im Angl. unterbleibt die Brechung auch vor *rc, rʒ, rh* und *lh* (s. § 6 Anm. 1), daher angl. *werc* (ws. *weorc*) Werk, *ferh, dwerʒ* Zwerg, *elh* (ws. *eolh*) Elch, *selh*; *birce* Birke. Vor *h* steht angl. statt *e* auch *æ*, z. B. *cnæht, ʒesæh* (Imperativ).

B. Velarumlaut von *i* zu *io* (später *eo*) und von *ē* zu *eo*, dieser jedoch nur vor folgendem *u* (also *u*-Umlaut, § 7 Anm. 1), findet sich in der ws. Prosa regelmäßig nur vor *r, l* und Labialen, z. B. *heorut*, *-ot* Hirsch, *heolor* Waage, *heofon* Himmel; *siolufr, siolfor*, später *seolfor* Silber, *siofun*, später *seofun* sieben, Prät. *tiolude, cliopude*, *-ode* zu *tilian* arbeiten, *clipian* rufen. Vor anderen Konsonanten erscheint er nur, wenn gleichzeitig ein *w* vorausgeht, z. B. *sweotul*, *-ol* klar, *sweostur, -or* Schwester (über *wo-* für *weo-* und *wu-* für *wio-* s. Anm. 11).

Anm. 8. In strengws. Texten fehlt also der Velarumlaut von *i* und der *u*-Umlaut von *ē* vor Gutturalen und Dentalen außer nach *w*, der *a/o*-Umlaut von *ē* überhaupt. Es heißt also *ēdor* Hof ('Etter'), *mēdu* Met, *rēʒol* Regel, *bēran* tragen, *fĕla* viel, *friðu-* Frieden (in Eigennamen), *sicor* sicher. Hingegen kommen im Kent. alle Formen des Velarumlauts auch in diesen Fällen vor, im Angl. fehlen sie aber vor Gutturalen (§ 7 Anm. 2; *spreoca(n)* sprechen Rushw.[1,2], Vesp. Psalter ist wohl analog zu *eotan* usw. gebildet). In weniger strengws. Texten (namentlich in der Poesie) sind solche angl.-kent. Formen (wie *meodu, freoðu-, feola, teola* gut, *beoran*) nicht selten. Ws. *ceole* Kehle erklärt sich durch Velarumlaut des aus *ĕ* nach Palatal (Pkt. 3) entstandenen *ie, i* in den obliquen Kasus (§ 60).

Anm. 9. In der Flexion ist der Velarumlaut durch Ausgleichung im Ws. fast ganz getilgt worden; es heißt also z. B. zu *spĕre* Speer Nom. Akk. Plur. *spĕru*, Dat. Plur. *spĕrum*; zu *wĕr* Mann Dat. Plur. *wĕrum*; zu *clif* Klippe Nom. Akk. Plur. *clifu*, Dat. Plur. *clifum*; zu *drīfan* Prät. Plur. *drifun* usw. Im Anglischen ist er aber in der Flexion weitgehend erhalten, z. B. auch *liofað* 3. Sing. Präs. Ind. zu *lifʒan* (ws. *libban*) leben.

Anm. 10. Auch für *eo* durch Velarumlaut tritt im Nordh. oft, besonders bei *a/o*-Umlaut, *ea* ein (z. B. *beara* tragen); spätws. *feala* viel, *teala* gut (für strengws. *fĕla, tĕla*, mundartl. *feola, teola*) ist nicht leicht zu erklären, vielleicht handelt es sich um Formen unter dem Nebenton wie *sciptearu* Schiffsteer neben dem Simplex *teoru* Teer (s. § 22).

Anm. 11. Nach *w* kommt bei den durch Velarumlaut oder Brechung entstandenen *eo* und *io* weitgehend Monophthongierung zu *o* und *u* vor. Für *eo* durch *u*-Umlaut steht ws. oft und stets nordh. *o*, z. B. *worold, -uld* Welt, *swostor* Schwester (aber merc. kent. *weorold,* kent. und auch ws. *sweostor*; nordh. kommt auch *swester, swoester* ohne Umlaut vor dem geänderten Suffix *-er* statt *-or* vor). Nordh. steht *o* auch für die wegen *a/o*-Umlaut oder Brechung zu erwartenden *eo*, z. B. *wosa* (we. *wesan*) sein, *worðia* (ws. kent. *weorðian*) ehren, *sword* (südl. *sweord*) Schwert, *worpa* (südl. *weorpan*) werfen. Spätws. steht nach *w* für sämtliche frühws. *eo* (*o*) gew. *u*, z. B. *swustor, wurold, swurd*. Nie *o* oder *u* hat *wĕrod, weorod* Schar (wegen *wĕred* mit anderem Suffix).

Für *i* nach *w* unter den Bedingungen des *u*-Umlaut steht gemeinae. außer kent. *u*, z. B. *wudu* Holz (ne. *wood*, ahd. *witu*; kent. *wiodu*), *wucu* Woche (aber kent. *wiocu*; angl. *wicu* wegen Unterbleibens des Velarumlauts vor *c* nach Anm. 8, davon ne. *week*). Nordh. steht *u* auch unter den Bedingungen des *a/o*-Umlauts, z. B. *wuta* Ratgeber (ws. *wita*, kent. merc. *wiota*). Germ. *wi-* vor *r* + Kons. und *i*-Umlaut wird gemeinae. zu *wy-* (und zwar ws. über *wie-* nach Pkt. 2, A, a, außerws. über *wu-* nach § 11), z. B. *wyrsa, wyrrest* böser, bösest (nur frühws. *wiersa, wirsa*; kent. *wersa* nach § 11 Anm. 6). Spätws. steht *wu-* auch für *wi-* (oder *wie-*) vor *ht*, z. B. *wuht* (ahd. *wiht*) Ding (aber angl. *wiht* wegen Ebnung, § 6, b) und *betwuh* zwischen (über **betwioh* mit Kürzung aus **betwīoh* nach § 14).

Anm. 12. Auch durch *i*-Umlaut entstandenes *e* (§ 9, 2, a) wird bei Suffixtausch durch *u*-Umlaut zu *io, eo*, so *eosol* Esel (vgl. got. *asilus*), *eowu* Mutterschaf.

Anm. 13. Ähnliche Diphthongierungen wie durch Brechung und Velarumlaut treten auch vor *w* auf, dem kein *i, j* folgt, doch sind sie z. T., bes. im Ws., durch Angleichung beseitigt worden, z. B. *niowol, niowel* neben *niwel* abschüssig, *þriowa* neben *þriwa* dreimal, *hweowol* Rad, *þeowian* dienen, flekt. Kasus *treowes, treowe, cneowes, cneowe*, zu *trēow* (mit analog. *w*, § 27) Baum und *cnēo, cnēow* Knie (auch analog zum Nom. *trēowes, cnēowes* usw.). Auf *io* nach *w* geht ws. *tuwa* zweimal zurück (s. Anm. 11). In *siowode* nähte, *spiowode* spie (für älteres *siwede, spiwede*) könnte auch Velarumlaut vorliegen und die Inf. *siowian, spiowian* danach gebildet sein. Entsprechend *io* zu *eo* kommen auch *seowian, speowian, seowode, -ede, speowode, -ede* vor. Nordh. *trewes, trewe, cnewes, cnewe* sind wohl graphische Vereinfachungen.

3. **Nach anlautenden Palatalen** steht an Stelle des zu erwartenden *e* altws. *ie* nach § 6a, für das schon früh *i*, daneben später auch *y* eintritt z. B. *ȝiefan, ȝifan* (selten *ȝyfan*) geben, *ȝieldan, ȝildan, ȝyldan* (as. *gĕldan*) bezahlen, *ȝielp, ȝilp, ȝylp* (as. *gĕlp*) Prahlerei. In nicht ws. Mundarten bleibt *ë* unverändert (*ȝëldan, ȝëlp*, auch für

ws. *ʒifan* stets *ʒëfan*, s. § 95, Anm. 2). Solche Formen kommen auch in weniger strengws. Texten, besonders in der Poesie vor.

Anm. 14. Einen ähnlichen Einfluß hat auch *s* auf *ë* vor *l*, daher bes. spätws. *silf*, *sylf* für *sëlf*, außerws. *seolf* selbst und spätws. *syllan* für *sellan* übergeben.

4. Kontraktionen von germ. *ē*, *i* mit anderen Vokalen ergaben sich namentlich bei Ausfall von *h* (§ 43, b), das vor seinem Schwinden Brechung hervorgerufen hatte (vgl. § 10, 2, A, c). Als Kontraktionspunkt erscheint *īo* oder *ēo*, die im späteren Ws. in *ēo* zusammenfallen, z. B. *sēon* (kent. *sīon*) sehen (as. *sëhan*), *twīo*, *twēo* (as. *twëho* für **twiho*) Zweifel. Im Angl. stehen wegen Ebnung (§ 6, b) z. T. andere Formen.

§ 11. Germ. **u** (got. *u*, *aú* = *o*) ist in allen germ. Sprachen außer dem Got. in (geschlossenes) *o* und *u* gespalten: zu *o* ist *u* geworden, wenn die fo gende Silbe ein *a*, *e*, *o* enthielt, sofern nicht eine Nasalverbindung oder (im Ae. und Alts.) ein einfacher Nasal dazwischenstand. Im übrigen ist *u* geblieben, also insbesondere wenn *i* (*j*) oder *u* darauf folgten. Der *i*-Umlaut des *u* ist (festes) *y*; der *i*-Umlaut zu *o* ist *e* (aus *oe*, so z. B. noch nordh.), soweit das *o* sekundär eingetreten war (statt des eigentlich zu erwartenden *u*). Beispiele: st. Vb. II (§ 92) Pl. Prät. *budon* (alts. *budun*), Part. Pt. *boden* (alts. *gibodan*), dazu *boda* Bote; in st. Vb. III (§ 93) P.. Pt. *bundon*, *hulpon*, aber Part. Pt. *bunden*, *holpen*; *sunu* Sohn, *burʒ* Stadt; *ʒuma* (ahd. *gomo*) Mann, *þunar* Donner (ahd. *donar*). Umlaute: *ʒod* Gott, aber *ʒyden* Göttin (ahd. *got — gutin*); *hold*, aber *hyldo* Huld (alts. *hold — huldi*); *dohtor* Tochter, D. Sg. *dehter*, nordh. *doehter* (aus **dohtri*, statt älterem **duhtri*), *ele* Öl (lat. *oleum* über **olịu*).

Anm. 1. In einigen Wörtern ist ae. und alts. *u* geblieben, wo man *o* erwarten sollte: meist neben Labialen, z. B. *wulf* Wolf, *full* voll, *fuʒol* Vogel, *lufian* lieben, *murnan* trauern, *bucca* Bock, *wulle* Wolle.

Anm. 2. Vor stimmlosen Spiranten wird *un* zu *ū* (§ 31) z. B. *cūð* (kund), dazu umgelautet *cýðan* (alts. *kúðian*) künden.

Anm. 3. Für germ. *ju* wird wohl zur Andeutung der Aussprache des *ʒ* als *j* meist *ʒeo* geschrieben, z. B. *ʒeonʒ* jung, *ʒeoʒuð* Jugend; doch daneben auch *iunʒ* (*ʒunʒ*, *ʒuʒuð*). Ebenso steht *eo* statt *o* in *ʒeoc* Joch, desgl. öfter *sceo-* für *sco-* und *scu-*, vgl. auch § 9 Anm. 3.

Anm. 4. Spätws. steht für die Lautfolge *wor-* oft *wur-*, z. B. *wurd* Wort.

Anm. 5. Umlauts-*y* wurde im späteren Ae. zu *i* entrundet nach *c*, z. B. *cininʒ* für *cyninʒ* König, nach *ʒ* früh und allgemein im Komp. *ʒinʒra*, Sup.

ʒinʒest (§ 74 Anm.), vor Palatalen z. B. *hiʒe* für *hyʒe* Gemüt, *þincean* für *þyncean*
dünken, dann vor *ht* in *drihten* für *dryhten* Herrscher.

Anm. 6.   In Kent tritt für *y* von etwa 900 an *e* ein.

Anm. 7.   Nach etwa 1000 kommt im Ws. für die Lautfolge *wyr-* auch *wur-*
vor, z. B. *wurm* für *wyrm* Wurm, *wursa, wursest* f. *wyrsa, wyrsest* böser, bösest
(s. § 10, Anm. 11). Das Me. setzt diesen Lautwandel auch auf anderen Gebieten
des Westens und Nordens voraus.

b) lange Vokale.

§ 12.   Germ. *ǣ* (got. *ē*, west- u. nordg. *â*, als solches ahd., alts.,
altnord. erhalten) erscheint im ae.: a) **regelmäßig** auf **sächs.**
Gebiet als *ǣ*, auf **angl. kent.** Gebiet als *ē*, z. B. *slǣp, slēp* Schlaf,
lǣtan, lētan lassen, *nǣdl, nēdl* Nadel, *strǣt, strēt* (lat. *strātum*) Straße,
Prät. Pl. der st. Vb. *cwǣdon, cwēdon, ǣton, ēton* usw. — b) ws. als
ā vor *w*, dem kein *i, j* folgte, und vor Liquida, Labial oder Guttural,
wenn ein dunkler Vokal folgte, doch steht ws. analog statt *ā*
oft *ǣ*, z. B. ws. *sāwon* sahen (angl. *sēʒon* mit anderer Entwicklung
des urgerm. *γw*, s. § 25 Anm. 1), aber *lǣwan* (got. *lēwjan*) verraten,
ws. *slāpan* schlafen, oft *slǣpan* nach dem Sb. *slǣp*, Pl. *māʒas* zu *mǣʒ*
Verwandter, gew. *mǣʒas* nach dem Sg., Prät. Pl. *lāʒon* neben *lǣʒon*
lagen, stets *wǣron* waren, *stǣlon* stahlen, *sprǣcon* sprachen, *brǣcon*
brachen wegen *cwǣdon* usw. (s. § 94, § 95), dann mit *ĕā* nach Anm. 2
ʒeāra einst, *sceāron* schoren.   Angl. kent. fehlen sichere Beispiele
vor *w* (vgl. Anm. 3), in den anderen Fällen steht *ē* nach Pkt. a), also
slēpan, lēʒon, wēron, stēlon usw. — c) ws. als *ēa* durch **Brechung**
vor *h* (§ 4, b) in *nēah* nahe (angl. *nēh* wegen Ebnung, auch spätws.
nēh nach § 6, b; Komp. ws. *nēar* mit *h*-Ausfall und Kontraktion,
§ 43, b, kent. *nīor* für **nēor* nach § 19) und mit *i*-Umlaut ws. Sup.
nīehsta, nȳhsta. — d) gemein-ae. vor Nasalen als *ō*, welches mit
germ. *ô* (§ 15) zusammenfällt und wie dieses durch *i*-Umlaut über
ōē zu *ē* wird, z. B. *mōna* (got. *mēna*) Mond, *nōmon* (got. *nēmun*) sie
nahmen, mit *i*-Umlaut *wēn*, angl. *wōēn* (aus **wôni*, got. *wêns*) Hoff-
nung, *cwēn* (*cwōēn*) Frau (got. *qêns*). Zu diesem *ō* ist auch das germ.
nasalierte *ā̃* vor *h* (aus *aŋh*) geworden, z. B. *brōhte* (got. *brâhta*)
brachte, *fōn* (got. *fâhan*) fangen, *ōht* (got. *âhta*) Verfolgung, dazu mit
i-Umlaut *ēhtan* (alts. *âhtian*) verfolgen.   Ebenso ae. *ō* aus *an* vor
Spiranten, § 9 Anm. 2.

Anm. 1.   Die Grenze zwischen dem oben kurz als sächs. bezeichneten *ǣ*
und *ē* verläuft nach Ausweis des Me. vom Wash durch das heutige Cambridgeshire

gegen das heutige Northampton, Warwick und längs der alten Nordgrenze der Diözese Worcester gegen den Severn. Kent gehört ins *ē*-Gebiet. Formen mit *ē* neben solchen mit *æ* begegnen in nicht strengws. Texten, darunter stets in dem poet. Wort *mēce* Schwert; Formen mit *æ* in ansonsten merc. Texten, wie Rushworth[1], neben solchen mit *ē*.

Anm. 2. Nach Palatalen steht im Ws. *ēa*, z. B. *ʒēar* (as. *jâr*) Jahr, *ʒēafon* (as. *gâbun*) sie gaben, *scēap* Schaf, dazu mit *i*-Umlaut *cȳse* (aus **cíese* < **cēasi*, lat. *cāseus*) Käse. Außerws. steht unverändertes *ē* (*ʒēr*, *ʒēfon*, *scēp*, *cēse*). *ʒī* erscheint auch, vielleicht nur graphisch, für ws. *ā* nach § 12,b (*ʒʒīra*, *scʒīron*), doch lag hier höchstens ein steigender Diphthong (Gleitlaut) vor, s. § 6,a Ende. Ebenso *ʒō* für *ō* nach § 12,d in *ʒʒōmor* jammervoll.

Anm. 3. Gemeinae. steht *ā* in *blāwan* blasen, *cnāwan* wissen, *māwan* mähen, *sāwan* sähen, *wāwan* wehen. Ob in ihnen germ. *ǣ* vorlag, oder *ai* aus germ. *ǣj* (vgl. got. *saian, waian*), dem später ein *w*-Suffix antrat, ist umstritten; *ā* vor *w*, dem kein *i, j* folgte, könnte gemeinae. sein. Andere außerws. Beispiele fehlen. Möglicherweise liegt gemeinae. *ā* auch in *ʒʒāra* vor, das me. auch im angl. Gebiet nie mit Entsprechungen von ae. *ē* erscheint (stets me. *yǭre*, *yāre*).

§ 13. Germ. **ê** (got. alts. *ê*, ahd. *ia*) ist ae. geblieben, z. B. *hēr* (got. *hêr*) hier, *cēn* (ahd. *kian*) Kien, dazu die red. Prätt. wie *hēt*, *slēp* (§ 97).

§ 14. Germ. **î** (got. *ei*, alts. ahd. *î*) ist ae. im allgemeinen geblieben, z. B. *mīn* mein, *rīce* Reich, *wīf* Weib; Präs. st. Vb. I (§ 91) *ʒrīpan*. Nur vor *h* tritt Brechung über *īo* zu *ēo* (s. § 19) ein, z. B. *lēoht* (ahd. *lihti*) leicht, Imp. *lēoh* leihe, *þēoh* gedeihe, *betwīoh*, *betwēoh* zwischen (angl. tritt Ebnung ein, z. B. nordh. *līh*, *bitwīh*).

Anm. 1. Die gebrochenen *ēo* (*īo*) bleiben auch bei Kontraktion (§ 8), z. B. *lēon* (alts. *lihan*) leihen, *þēon* (alts. *thîhan*) gedeihen, *betwēon(an)* zwischen.

Anm. 2. Für auslautendes *ī* wird öfter *iʒ* geschrieben, z. B. *biʒ*, *siʒ* für *bī*, *sī*.

§ 15. Germ. **ô** (got. alts. *ô*, ahd. *uo*) ist ae. geblieben; sein *i*-Umlaut ist *ē* (alt und angl. *ōe*); z. B. *bōc* Buch, Pl. *bēc* (angl. *bōec*), *dōm* Urteil und *dēman* (angl. *dōeman*, alts. *dômian*) urteilen, *sēcan* (angl. *sōecan*; alts. *sôkian*) suchen, Prät. *sōhte*.

Anm. 1. Ebenso *ō* aus *an* (s. § 9 Anm. 2) und das aus germ. *æ* bzw. nasaliertem *ā* entstandene *ō* (s. § 12,d).

Anm. 2. Für auslautendes germ. *ô* steht ae. wie fries. und altn. *ū* in *cū* Kuh, *tū* (für **twū*) zwei, *hū* (für **hwū*) wie, aber wegen früher Kürzung und neuerlicher Dehnung *ō* in *tō* zu.

§ 16. Germ. **û** (got. alts. ahd. *û*) ist ae. erhalten, z. B. *hūs* Haus, *lūcan* (got. *lûkan*) schließen. Durch *i*-Umlaut wird es zu *ȳ*: z. B.

3. Sg. Präs. Inf. *lȳcð* (got. *lûḳiþ*), *ontȳnan* öffnen zu *tūn* Zaun, *brȳd*
(aus **brûdi-*) Braut.

Anm. 1.   Ebenso *ū — ȳ* aus *un* vor Spirans, § 11 Anm. 2.
Anm. 2.   Kent. steht für *ȳ* (wie für *y*, § 11 Anm. 6) von etwa 900 an *ē*.

c) Diphthonge.

§ 17.   Germ. **ai** (got. *ai*, alts. *ê*, ahd. *ei, ê*) ist ae. zu *ā* mono-
phthongiert.   Bei *i*-Umlaut wird es gemeinae. *ǣ*; z. B. *stān* Stein,
dazu *stǣnen* (ahd. *steinîn*) steinern; *ʒāst* Geist, *sāwol* (got. *saiwala*)
Seele; *hāl* Heil, dazu *hǣlan* (alts. *hêlian*) heilen; *ān* ein, dazu *ǣniʒ*
ullus, Prät. Sg. st. Vb. I (§ 91) *stāʒ*.

Anm.   Nach *sc* steht ws. und nordh. *ǫā* in *sceān* schien; bei *i*-Umlaut
aber *ēa* in *sceāð* Scheide (neben *scǣð*), s. § 6, a.

§ 18.   Germ. **au** (got. *au*, alts. *ô*, ahd. *ou, ō*) ist ae. zu *ēa* ge-
worden; bei *i*-Umlaut ist es altws. *īe, ī*, gemeinws. *ī, ȳ*; außerhalb
des Ws. steht bei *i*-Umlaut *ē*. Z. B. *ēac* auch, *bēaʒ* (ahd. *boug*) Ring,
bēacen (ahd. *bouchan*) Zeichen, dazu ws. *bīecnan, bīcnan, bȳcnan* ein
Zeichen machen (außerws. *bēcnan*); *hēah* (got. *hauhs*) hoch, dazu
Komp. ws. *hīerra, hīrra, hȳrra*, außerws. *hērra* (got. *hauhiza*) höher
(§ 74 Anm. 2); ws. *hīeran, hīran, hȳran*, außerws. *hēran* hören (got.
hausjan); Prät. Sg. st. Vb. II (§ 92) *cēas* (zu *cēosan* wählen).

Anm. 1.   Zu *ēa*(*w*) ist auch das *aw*(*w*) (§ 27 Anm. 4) entwickelte westgerm.
au(*w*) geworden, z. B. *ʒlēaw* (alts. *glau*, Gen. *glauwes*, got. *glaggwus*) klug; weiter
westgerm. *au* aus *-awu* und *aw* aus *-awa* bei Abfall des *a*, z. B. *clēa* Klaue (Gen.
clawe s. § 9, 2, b), *strēaw* (mit Antreten eines *w* aus den flektierten Kasus, vgl.
ahd. *strô*) Gen. *strawes* Stroh.
Anm. 2.   In den angl. Mundarten ist *ēa* vor Gutturalen zu *ē*, älter auch *ǣ*
geworden ('geebnet', § 6, b), daher *ēc, bǣcun, bēcon, hēh*. Im späteren Ws. steht
ē statt *ēa* vor und nach Gutturalen, z. B. *bēʒ* Ring, *bēcen* Zeichen; *cēs* (Prät. *cēas*).

§ 19.   Germ. **eu** (got. *iu*) hatte sich (wie alts. und ahd. zu *eo* und
iu) auch ae. in ein in *eu* und *iu* (letzteres vor *i, j* der Folgesilbe) ge-
spalten. Die ae. Schreibung für *eu* ist *ēo*, für *iu* aber *īo*, das nur nordh.
bis zum Ausgang der ae. Zeit von *ēo* getrennt blieb (wie *eo* und *io*,
§ 10, 2), merc. und teilweise ws. zu *ēo* wurde, während das Kent. für
beide Laute später *īo* hat. Im Ws. ist *īo* in den meisten Fällen (durch
i-Umlaut) zu *īe, ī*, gemeinws. *ȳ* geworden und damit mit dem *i*-Um-
laut von *ēa* zusammengefallen. Beispiele: *sēóc* (got. *siuks*) krank, *lēoht*

Licht — ws. *līehtan, līhtan, lȳhtan* leuchten, Präs. st. Vb. II (§ 92) *cēosan* wählen — 3. Sg. Ind. ws. *cīesð, cȳsð* (as. *keosan, kiusid*), *bēodan* bieten — ws. 2. 3. Sg. Ind. *bȳtst, bȳt.*

Anm. 1. Zu *ēo(w)* ist auch das aus germ. *ew(w)* (§ 27 Anm. 4) entwickelte westgerm. *eu(w)* geworden, z. B. *trēow* (as. *treuwa*, got. *triggwa*) Treue — dazu ws. *ʒetrīewe, ʒetrȳwe* (as. *gitriuwi*) getreu; weiter westgerm. *eu* aus *-ewu* und *ew* aus *-ewa* bei Abfall des *a*, wie *trēo* Baum, Bäume, *cnēo* Knie (oft *trēow, cnēow* mit Antreten eines *w* aus den flektierten Kasus). Zu *īo* wurde auch *iu* aus *-iju-*, z. B. *þrīo, þrēo* drei, *fīond, fēond* Feind, *frīond, frēcnd* Freund (got. *fijands, frijônds*). In der Lautfolge *-iwi-* entstand aber ws. kein Diphthong, daher *hīw* Gestalt, *nīwe* neu (außerws. *hīow, hēow, nīowe, nēowe*). *īo (ēo)* entsteht auch aus lat. *ia* in *dīofol, dēofol* (lat. *diabolus*) Teufel.

Anm. 2. Altws. *īo*, später *ēo*, steht stets in *līode, lēode* Leute, *ʒeþīode, ʒeþēode* Sprache, oft auch in strengw. Texten in *stīoran, stēoran* neben *stīeran stȳran* steuern, *ʒetrēowe* neben *ʒetrīewe, ʒetrȳwe* treu. In weniger strengws. Texten sind *ēo*-Formen häufiger.

Anm. 3. Im Nordh. ist altes *ēo* teilweise zu *ēa* geworden; z. B. *bēada* bieten, *dēar* Tier. *īo* bleibt davon deutlich getrennt, z. B. *dīore* teuer.

Anm. 4. Vor Gutturalen ist in den angl. Mundarten *ēo* wegen Ebnung (§ 6, b) zu *ē*, *īo* zu *ī* geworden, z. B. nordh. *lēht* Licht, *lēʒa* (= ws. *lēoʒan*) lügen; *līhta* (as. *liuhtian*) leuchten.

Anm. 5. Bei Kontraktion (§ 8) bleibt das *ēo* erhalten, z. B. *tēon* (got. *iuhan*) ziehen.

B. Die Vokale der Nebensilben

§ 20. In den der Flexion dienenden Endungssilben kommen gemeinae. nur die kurzen Vokale *a, e, o, u* vor. Die germ. langen Endungsvokale sind im Ae. sämtlich zu kurzen Vokalen geworden, außerdem ist älteres *i* in Endungen (aus germ. *i* und *î*) soweit es nicht abgefallen ist (s. Anm. 1) gemeinae. *e*, z. B. as. *rîki* ae. *rīce* reich. Ebenso ist älteres *æ* (aus urgerm. *ǽ* und *ai*; westgerm. *a* aus urgerm. *ō*) gemeinae. *e*, z. B. Nom. Sing. *hæleþ* (aus urg. **χalǽþ*) Held, Dat. Sing. fem. der Pron. und Adj. z. B. *þǽre* (vgl. got. *þizai*), Dat. Sing. der *a*-Stämme *dæʒe* (urgerm. **dayai*), Nom. Sing. der fem. *n*-Stämme *tunʒe* Zunge (got. *tuggô*, as. *tunga*). Für *-u* tritt in Endungen häufig *-o* ein, im Auslaut spätae. auch *-a*, z. B. *ʒifu, ʒifo, ʒifa* (§ 50), Prät. Pl. *bundon* (as. *bundun*).

Anm. 1. Auslautende idg. *a, o, e* waren schon urgerm. abgefallen. Auslautende *i* und *u* (auch aus *j, w* durch Vokalisierung entstandene, § 27, § 28) sind in zweisilbigen Wörtern nach langer erster Silbe geschwunden, nach

kurzer erhalten (*i* gemeinae. als *e*). Das geschwundene *i* hat aber im Ae. noch
i-Umlaut bewirkt. Daher der Unterschied in der *i*-Dekl. (§ 54 ff.) zwischen
kurzsilbig *wine, hyʒe* (alts. *wini, hugi*) und langsilbig *wyrm, ʒlēd* (alts. *wurm,
glôd*); in der *u*-Dekl. (§ 57) zwischen *sunu* und *flôd* (got. *sunus, flôdus*); in der
ô-Dekl. (§ 50) zwischen N. Sg. *ʒifu* und *ār*. Auch nach erst durch die westgerm.
Gemination lang gewordenen Silben fällt *i*, z. B. *cynn* (§ 47). Hingegen ist erst
durch Kürzung aus *î* (aus -*iji*-, idg. -*eje*-) entstandenes *i* auch nach langer erster
Silbe erhalten, so im Nom. Pl. der *i*-Dekl. *lēode* (vgl. got. *gasteis*), dann auch im
Nom. Akk. Sg. mask. und neutr. der *ja*-Dekl. (mit *i* aus *ja*?) *ende, rīce*. Bei
mehrsilbigen Wörtern ist früheres -*i* auch abgefallen, -*u* dagegen nur teilweise
(s. Flexionslehre, § 46 Anm., § 50, c, § 70 c).

Anm. 2. Die ältesten Quellen zeigen noch das *i* der Endungen (z. B.
rīci), ebenso haben sie noch ein *æ* in gewissen Endungen (z. B. *tunʒæ* N. Sg.
§ 60,1); für beide tritt aber bald *e* ein.

§. 21. Als Mittelsilben bezeichnen wir die zwischen Wurzel-
silbe und Flexionsendungen stehenden Bildungssilben ursprünglich
drei- und mehrsilbiger Wortformen; sie können infolge der vielen
Verstümmelungen des Wortschlusses, welche die germ. Einzel-
sprachen erlitten haben, einzelsprachlich auch das Ende eines
Wortes bilden in den nun einer eigentlichen Flexionsendung ent-
behrenden Formen, z. B. N. Sg. *wērod*, G. *wērodes*. Die Vokale dieser
'Mittelsilben' nennen wir Mittelvokale.

a) Auch in den Mittelsilben hat das Ae. nur höchst selten noch
lange Vokale, es begegnen fast nur die kurzen, und zwar *i* selten
(in Ableitungen wie -*iʒ, -isc, -inʒ, -nis*), meist ist es zu *e* geworden,
z. B. *micel, yfel* (got. *mikils, ubils*); nur in den sw. Vb. II (§ 104)
ist *i* aus -*ôj*- über umgelautetes -*ēj* neu entstanden (*macian* zu alts.
macôian). Auch *u* ist in Mittelsilben schon oft zu *o* geworden, z. B.
eofor (ahd. *ëbur*) Eber, *hafoc* (seltener *hafuc*, ahd. *habuh*) Habicht.

b) In drei- und mehrsilbigen Wörtern sind alte Mittelvokale im
Ae. vielfach synkopiert worden. Es läßt sich die Hauptregel auf-
stellen, daß in dreisilbigen Wortformen jeder ursprünglich kurze
und nicht durch Position geschützte Mittelvokal nach langer
Wurzelsilbe schon in sehr früher Zeit synkopiert wurde, während
solche Mittelvokale nach kurzer Wurzelsilbe zunächst erhalten
blieben. Etwas später ist dann aber auch noch ein nicht unbeträcht-
licher Teil dieser letzteren Mittelvokale geschwunden. Bei vier-
silbigen Wörtern ist ohne Rücksicht auf die Wurzelsilbe der zweite

Mittelvokal synkopiert, falls er kurz und nicht durch Position ge-
schützt war. Z. B. G. Sg. *dēofles, enʒles,ōðres, hēafdes,* aber *rodores,*
e(o)tones, nacodes zu N. Sg. *dēofol, enʒel, ōðer, hēafod; rodor, e(o)ton,*
nacod; viersllbige, z. B. Adjektivformen wie *hāliʒre, hāliʒne* (= alts.
hêlagaro, hêlagana).

Anm. 1. Diese Synkopierungsregeln erleiden insbesondere durch ana-
loge Ausgleichungen manche Ausnahmen. Namentlich werden frühzeitig
manche synkopierte Mittelvokale nach kurzer Wurzelsilbe analog wieder
hergestellt. Doch behalten z. B. *micel* groß, *yfel* übel, in der Regel die Synkope:
G. Sg. *micles, yfles;* ebenso bleibt die Veikürzung meist in einzelnen Kasus der
Adjektivdeklination, z. B. *hwætre, hwætne* (§ 70). Bei langer Wurzelsilbe treten
solche Wiederherstellungen (z. B. *dēofoles* statt *dēofles* nach N. S. *dēofol*) erst
später und meist weniger konsequent auf. Im einzelnen herrscht in der Über-
lieferung großes Schwanken.
Anm. 2. Im allgemeinen unsynkopiert bleiben Mittelvokale, die früher
lang waren, z. B. sw. Praet. *lōcode* (vgl. got. *salbôda*), ebenso die durch Position
geschützten, z. B. Superlative *yldesta, lenʒesta,* oder Subst. wie *eornest,*
G. *eornestes.* Doch finden sich auch in diesen Fällen bisweilen Ausstoßungen,
besonders später.

c) Ein neuer Mittelvokal (Sekundärvokal) entsteht oft
aus silbischen *r, l, n, (m),* wo diese in den Ausgang des Wortes zu
stehen kamen. Der neue Vokal ist *e* oder *o,* und zwar steht meist
o (u) nach velarem, *e* nach palatalem Wurzelvokal. Z. B. *finʒer*
(got. *figgrs*), *fæʒer* (got. *fagrs*), *hlūtor* (got. *hlûtrs*) lauter; *fuʒol* (got.
fugls), ws. *wæpen* (got. *wêpn*) Waffe, *tācen,* seltener dial. *tācon* (got.
taikns) Zeichen; vor *m* gilt meist *u: māðum* (got. *maiþms*) Kleinod.
Anm. 3. Sekundärvokal ist am regelmäßigsten entwickelt bei *r,* am
seltensten bei *m,* aber auch silbisches *l* bleibt meist nach Dentalen, *n* nach kurzer
Silbe unverändert, z. B. *nædl, nēdl* (§ 12,a) Nadel, *sětl* Sitz, *hræfn* Rabe, *þēʒn*
Held, *wæstm* Wachstum. Doch finden sich in allen diesen Fällen daneben Formen
mit neuem Vokal. Umgekehrt finden sich bei *l, n* häufig Formen ohne Vokal
neben solchen, die meist Vokal haben, z. B. *tācn* neben *tācen.*
Anm. 4. Der Sekundärvokal dringt nach kurzer Wurzelsilbe auch ein, wenn
das Wort um eine Endungssilbe wächst, besonders vor *r,* z. B. *fæʒeres, wæteres*
(zu *wæter* Wasser); aber auch sonst, z. B. *fuʒolas* neben häufigerem *fuʒlas,*
þēʒenas neben *þēʒnas* zu *þēʒn, þēʒen.* Nach langer Wurzelsilbe tritt dies nicht
ein, also stets *māðmes, tācnes* zu *māðum, tācen (tācn).*

§ 22. Die Wurzelvokale der minderbetonten zweiten Glieder
von Kompositis verfallen der Abschwächung und werden zu ein-
fachen Mittelvokalen, sobald die Zusammensetzung nicht mehr

deutlich als solche gefühlt wird. Lange Vokale und Diphthonge werden dabei verkürzt und verändern oft auch ihre Qualität, indem die im Ae. häufigsten Mittelvokale *e*, *a*, *o* sich dafür einstellen. So z. B. Verkürzung des *i* in den Kompos. mit -*līc*, also *mislic*, und Abschwächung zu *e* in dreisilbigen Formen wie *misleca*, *mislecor*; neben *teoru* (Teer) steht *scipteara*, *sciptara*; *hlāford* (Herr) aus **hlāfweard*, *hordern* (Schatzhaus) zu *ærn* (Haus).

Anm. Viele schon in vorhistorischer Zeit veränderte Komposita sind im Ae. ganz unkenntlich und machen den Eindruck einfacher Wörter. Z. B. *ōret* Kampf (aus **or-hāt*), *æfest*, *æfst* Neid (aus **æf-ȳst*), vgl. as. *abunst*, ahd. *abunst*, *āwer* irgendwo (aus *ā-huær*), *frēols* Freiheit (aus **frī-hals*) usw.

II. Abschnitt. Konsonanten

A. Allgemeines

§ 23. Als urgermanische Konsonanten nehmen wir an:

a) Sonorlaute: *w*, *j*, *r*, *l*, *m*, *n*, *ŋ*.

b) Geräuschlaute:

   1. Stimmlose (harte) Verschlußlaute: *p*, *t*, *k*.

   2. Stimmlose (harte) Spiranten: *f*, *þ*, *s*, *χ* (> *h*).

   3. (Vielleicht, s. Anm. 1) stimmhafte (weiche) Verschlußlaute: *b*, *d*, *g*.

   4. Stimmhafte (weiche) Spiranten: *ƀ*, *ð*, *z*, *γ*.

c) Den Organen nach zerlegen sich die Geräuschlaute einschließlich der Nasale in a) Lippenlaute oder Labiale: *p*, *b*, *f*, *ƀ*, *m*; — b) Zungenspitzenlaute oder Dentale: *t*, *d*, *þ*, *ð*, *s*, *n*; — c) Gaumenlaute oder sog. Gutturale: *k*, *g*, *χ* (> *h*), *γ*, *ŋ*; letztere können entweder am Vordergaumen oder am Hintergaumen gebildet werden und heißen dann spezieller im ersten Fall Palatale, im zweiten Velare.

Anm. 1. Der germ. Konsonantenbestand ist im Gotischen im allgemeinen erhalten. Für die stimmhaften Spiranten *ƀ*, *ð*, *γ* verwendet das Gotische die Zeichen *b*, *d*, *g*; diese bezeichnen aber auch stimmhafte Verschlußlaute vor allem im Anlaut, in der Gemination und nach Nasalen, *b*, *d* auch nach anderen Kons. Ob die stimmhaften Verschlußlaute oder stimmhaften Spiranten älter sind, läßt sich nicht leicht entscheiden.

Anm. 2. Die aus theoretischen Gründen für den ältesten Lautbestand des Germanischen anzusetzende stimmlose gutturale Spirans *χ* (= deutschem *ch*) wird im Gotischen mit *h* bezeichnet. Sie ist wohl schon früh im Anlaut, einzel-

sprachlich auch im Inlaut, über eine Kehlspirans in den bloßen Hauchlaut ab-
geschwächt worden.

§ 24. In den **westgerm.** Sprachen sind mit den germ. stimm-
haften **Spiranten** folgende das Ae. betreffende Veränderungen vor-
gegangen: a) *z* (stimmhafter *s*-Laut = got. *z*, ausl. *s*) ist inlautend
zu *r* geworden, auslautend nach unbetonten Silben geschwunden,
z. B. ae. *māra*, alts. *mêro* (got. *maiza*), ae. alts. *hord* (got. *huzd*); ae. alts.
sunu (germ. **sunuz*, got. *sunus*), ae. *wē*, alts. *wî* wir (germ. **wiz*,
got. *weis*). — b) germ. *đ* ist westgerm. überall zum Verschlußlaut *d*
geworden, vgl. § 37. — c) germ. *b* bzw. *ƀ* ist im Anlaut, nach *m* und
bei Gemination Verschlußlaut *b*, sonst aber in- und auslautend
Spirans (ae. *f*, alts. *ƀ*, *f*), vgl. § 34. — d) germ. *g* bzw. *γ* ist ae. im
wesentlichen sowohl an- als inlautend stimmhafte Spirans und nur
in wenigen Stellungen stimmhafter Verschlußlaut, vgl. § 42.

§ 25. **Grammatischer Wechsel.** Schon in sehr früher Zeit
des Urgermanischen (und zwar vor Festlegung des emphatischen
Akzents auf der ersten Silbe) sind die stimmlosen Spiranten *f*, *þ*, *s*, *χ*
in stimmhafter Nachbarschaft zu (sekundären) stimmhaften
Spiranten *ƀ*, *đ*, *z*, *γ* geworden, wenn der indogermanische Wortakzent
nicht auf dem unmittelbar vorhergehenden Vokale ruhte (Gesetz
von K. Verner). Sie fielen dann mit den entsprechenden anders
entstandenen (§ 23, Anm. 1) urgerm. stimmhaften Spiranten zu-
sammen und machten mit diesen die im § 24 angegebenen Verände-
rungen im Westgermanischen mit. Es entstand so in zusammen-
gehörigen Formen ein Wechsel urgerm. *f—ƀ*, *þ—đ*, *s—z* und *χ* (*h*)*—γ*.
Dieser Wechsel tritt auch im Ae. noch vielfach in der Wortbildung
und in der Flexion der starken Verba hervor und wird 'gramma-
tischer Wechsel' genannt. Doch ist der Wechsel *f—ƀ* im Ae.
dadurch unkenntlich geworden, daß für *ƀ* gewöhnlich *f* geschrieben
wird (§ 34 und Anm. 1, § 35), also die Stufen germ. *f—ƀ* äußerlich
zusammenfallen. Die drei übrigen Wechselpaare sind: ae. *þ*, *đ—d*,
s—r, *h* (inlautend meist geschwunden, s. § 43, b) — *ʒ*. Z. B. *cweđan*,
cwæđ, *cwædon*, *cwĕden* sprechen § 95, *cwide* Spruch; — *ʒlæs* Glas,
ʒlæren gläsern; *cēosan*, *cēas*, *curon*, *coren* wählen § 92, *cyre* Wahl; —
tēon (aus **tēohan*), *tēah*, *tuʒon*, *toʒen* ziehen § 92, *tyht* Zucht, *-toʒa* dux
(in *heretoʒa*, *folctoʒa*).

Anm. 1. Dem urgerm. Wechsel von *χw*—*γw* entspricht im Ae. ein Wechsel von *h*—*w* oder *h*—*ʒ*. Germ. *χw* (*hw*) war westgerm. allgemein zu *h* geworden, *γw* vor hellen Vokalen zu *w*, vor *u* zu *γ* (ɘe. *ʒ*), daher ae. *sēon* sehen (as. *sēhan*, got. *saihvan*), *seah*, ws. *sāwon* (mit *w* nach dem Opt. und dem Part. Praet.) außerws. *sēʒon* (aus *sǣγwun*, got. *sêhvun*), Part. ws. *sewen* und *sāwen* mit *ā* nach dem Praet. Plur., außerws. *sëʒen*.

Anm. 2. Viele Fälle des gramm. Wechsels sind ae. schon durch Ausgleichung beseitigt.

§ 26. Gemination. Neben den einfachen Konsonanten kommen im Ae. auch sehr häufig Geminaten vor. Dieselben sind a) z. T. urgermanisch, also in allen germ. Sprachen vorhanden, z. B. *feallan*, *swimman*, *on-ʒinnan*, *bucca* Bock, *sceat*, G. *sceattes* (got. *skatts*) Besitz. — b) Eine große Zahl von Geminaten sind allgemein westgermanisch, indem nach kurzem Vokal durch folgendes *j* alle einfachen Konsonanten (außer *r*) geminiert wurden, z. B. ae. *willa*, alts. *willio* (got. *wilja*), ae. *settan*, alts. *settian* (got. *satjan*), ae. (ws.) *scyppan*. alts. *skeppian* (got. *skapjan*), ae. *sibb*, alts. *sibbia* (got. *sibja*), ae. *lecʒan*, alts. *leggian* (got. *lagjan*), aber z. B. ae. *werian* alts. *werian* (got. *warjan*), oder ae. *nerian*, alts. *nerian* (got. *nasjan*). — c) Vor unmittelbar folgendem *r* und *l* werden im Ae. wie in den übrigen westgerm. Sprachen einfache *t*, *c*, *p* verdoppelt. Doch kommen ae. durch Ausgleich zwischen verschiedenen Flexionsformen die einfachen Konsonanten daneben vor, z. B. *bitter* und *biter*, alts. *bittar* (got. *baitrs*), *wæccer* und *wacor*, ahd. *waccar* (got. *wakrs), *æppel*, alts. *appul* (altn. *epli*). — d) Im Ae. entstehen neue Geminaten durch Zusammenrücken früher getrennter Konsonanten nach Vokalausfall, z. B. in sw. Prät. wie *bētte* zu got. *bôtida*: bei Komposition, z. B. *atollic*; oder durch Assimilation, z. B. spätae. *wimman* aus *wīfman*; *hræm*, *hræmmes* aus *hræmn*, *hræfn*.

Anm. 1. Nach langem Vokal wird ae. *t* und *d* vor *r* erst in späteren Quellen verdoppelt; also *hlūtor* und *hlūttor*, *ātor* und *āttor*, *ædre* und *æddre* (vielleicht mit Verkürzung des Vokals als *hluttor*, *attor*, *æddre* anzusetzen).

Anm. 2. Vereinfachung der Gemination tritt gewöhnlich ein im Auslaut der Wörter und Silben, z. B. *bed*, *eal*, *ealre*, *ealne*, doch wird auch oft *bedd*, *eall*, *eallre*, *eallne* geschrieben (über *cʒ* s. § 42 Anm. 7). Ferner häufig nach Konsonanten in der Komposition, z. B. *wildēor* aus *wild-dēor*, *eorlic* aus *eorl-lic*; später auch oft nach unbetonter Silbe, z. B. *atelic* statt *atollic*, in den sw. Vb. auf *-ettan* (*bliccetan* statt *bliccettan*), G. Pl. *ōdera* statt *ōderra*.

B. Die einzelnen Konsonanten

1. Sonore Konsonanten

a) Die Halbvokale

§ 27. Germ. **w** ist ae. unmittelbar an lautend, nach anlauten-
dem Konsonanten und auch inlautend meist erhalten, z. B. *wēr*
(got. *waír*) Mann, *wrēcan* (got. *wrikan*) verfolgen, *wlītan* (got. **wleitan*)
sehen; *cwēðan* (got. *qiþan*) sprechen, *hwā* (got. *hvas*) wer, *þwēan* (got.
þwahan) waschen; nur vor folgendem *u* oft ausgefallen (s. Anm. 3
und § 18 Anm. 1, § 19 Anm. 1). Durch Abfall von Endungsvokalen
(§ 20 Anm. 1) in den ae. Auslaut trétendes *w* wurde zu *u* vokalisiert
und ist wie dieses (§ 20 Anm. 1) nach vorhergehender langer Silbe
gefallen, nach kurzer erhalten. Es fällt auch nach vorhergehenden
langen Vokalen, ist aber in der Flexion analog zu Formen, in
denen es vor Flexionsendungen inlautend erhalten blieb, in der Regel
wieder angesetzt worden. Mit kurzen Vokalen bildet es Diphthonge
(*au > ēa* § 18 Anm. 1, *eu > ēo* § 19 Anm. 1), doch tritt auch an diese
oft nóch ein analoges *w* wieder an, z. B. (Abfall) *mǣd*, Gen.
mǣdwe Wiese, *snā*, Gen. *snāwes*, daher gew. Nom. *snāw* Schnee,
spīwan speien, Prät. *spāw* (§ 91), aber *ā* (got. *aiw*) immer; (erhalten
nach Kons.) *bealu*, Gen. *bealwes* Übel, *mëlu*, Gen. *mëlwes* Mehl;
(Diphthonge) *þēo*, Gen. *þeowes* (§ 10 Anm. 13), darnach auch Nom.
þēow und Gen. *þēowes* Diener, *clēa* (§ 18 Anm. 1), Gen. *clawe* Klaue.

Anm. 1. In den ältesten Hss. wird zur Bezeichnung des *w*-Lautes *uu*, (*u*)
sonst regelmäßig die Rune P (*wyn*) gebraucht. Nur in den Verbindungen *cw*, *hw*
usw. findet sich auch später öfter *u* für *w* geschrieben.

Anm. 2. Anlautendes *w* schwindet oft im zweiten Teil von Kompositis,
vgl. *hlāford* aus **hlāf-weard*, dann manchmal vor *u* wie *uton* für *wuton* wohlan
(mit *u* nach § 10 Anm. 11) u. a.

Anm. 3. Inlautend nach gutturalen Konsonanten ist *w* westgerm. ge-
schwunden, z. B. ae., alts. *singan* (got. *siggwan*) singen, alts. *sëhan*, ae. kontrahiert
sēon (§ 43, b, got. *saihvan*), oder nach *ʒ* aus germ. *γw* vor *u* angl. *sēʒon* § 25
Anm. 1). Ae. fällt *w* oft vor *u*, so nach Konsonanten stets in *tū* neutr. zwei
(neben *twēʒen* mask. und *twā* fem.), fast stets in *hū* (sehr selten *hwū* nach *hwā*,
hwæt usw.) wie, manchmal in *betuh* neben *betwuh* zwischen (§ 10 Anm. 11),
ws. *cucu* (angl. *cwicu*) lebendig, *sunʒen* geschwungen (§ 93 Anm. 2), aber mit
analog nach dem Präsens wieder eingeführtem *w* *swummon*, *swummen* zu
swimman schwimmen (§ 93 a). Weiter fällt *w* vor (ehemaligem) *i* nach *l*, *r*, wie
2. 3. Sing. ws. *ʒierest*, *ʒyrest* und Part. Praet. *ʒyrede* (alts. *gerwida*) zu *ʒierwan*
ʒyrwan bereiten, doch kommt auch analog *ʒyrwede* vor, und in Zusammen-

ziehungen mit der Negativpartikel *ne*, z. B. *nāt* für *ne wāt*, *næs* für *ne wæs*, *nylle* für *ne wille, ne wylle*.

Anm. 4. Geminiertes *w* ergab westgerm. mit einem vorhergehenden kurzen *a, e, i* die Diphthonge *au*(*w*), *eu*(*w*), *iw*(*w*), welche im Ae. wie die alten Diphthonge zu *ēa*(*w*), *ēo*(*w*) usw. wurden, s. § 18 Anm. 1, § 19 Anm. 1.

Anm. 5. Einwirkung des *w* auf den folgenden Vokal findet sich hauptsächlich in den Gruppen *wio, weo*, s. § 10 Anm. 11. Weitergehend sind die Einflüsse im Nordh., wo *we* oft zu *woe* wird, s. § 10 Anm. 4.

§ 28. **Germ. j** wird im Ae. meist durch das Zeichen ȝ ausgedrückt, welches auch die gutturale stimmhafte Spirans und den Verschlußlaut (§ 42) bezeichnet. Schreibung des *j* durch *i* ist im Anlaut selten (in Fremdwörtern und bisweilen vor *u*), im Inlaut ist sie häufiger.

Das germ. *j* ist nur im Anlaut regelmäßig erhalten, z. B. *ȝęonȝ, ȝiunȝ, iunȝ* (got. *juggs*) jung, ws. *ȝēar* (got. *jēr*) Jahr, *ȝē* Pron. (got. *jus*) ihr, im Inlaut steht es bisweilen zwischen Vokalen, z. B. N.Pl. *frīȝe* (zu *frīo* frei); ferner nach kurzem Vokal + *r*, welches nach § 26, b nicht geminiert wird, z. B. *nerian* (got. *nasjan*), retten, auch *nerȝan, neriȝ*(*e*)*an* geschrieben; zu *here* Heer (§ 47 Anm. 4) N.Pl. *herȝas, heriȝ*(*e*)*as*. Im übrigen ist nach Konsonanten inlautendes *j* ae. stets geschwunden, und zwar nach kurzer Wurzelsilbe nach Eintreten der westgerm. Gemination (§ 26, b) z. B. *settan* (alts. *settian*, got. *satjan*) setzen, *willa* (alts. *willio*, got. *wilja*) Wille; nach langer Wurzelsilbe wurde *j* zu *i*, das vor erhaltenen Endungen nach § 21, b synkopiert wurde, z. B. *dēman* (got. *dōmjan*) urteilen. Auslautendes *j* wurde zu *i* vokalisiert und fiel nach langer Silbe ab, vgl. § 20 Anm. 1.

Anm. 1. Mit dem auf germ. *j* zurückgehenden *i* der kurzsilbigen Verba wie *nerian* ist nicht zu verwechseln das *i* der sw. Vb. II. (§ 104) wie *macian* usw.; dieses ist von jeher der silbische Vokal *i* und setzt älteres germ. -*ōj*- fort (§ 104). Wie das *i* der Neubildungen *fremian*, *þenian* (§ 101 Anm. 1) zu beurteilen ist, steht nicht fest.

Anm. 2. Über die Diphthongierungen heller Vokale (urae. *æ, e*) durch anlautendes *j* s. § 9, 2, d, § 10, 3 und § 12 Anm. 2; über die Schreibungen *ęā* für *ā*, *eō* für *ō*, *eo* für *u* nach *j* zur Andeutung der Aussprache des Zeichens ȝ als *j* vgl. § 11 Anm. 3, § 12 Anm. 2.

b) Die Liquidae und Nasale

§ 29. **Germ. r** ist im Ae. erhalten, z. B. ws. *rǣdan* (alts. *rādan*) raten, *steorra* (alts. *stěrro*) Stern, *wyrcean* (got. *waúrkjan*) arbeiten.

Die Zahl der inlautenden *r* ist im westgerm. sehr vermehrt durch *r* aus germ. *z* (ae. *māra*, got. *maiza*, s. § 24, a).

Anm. Metathese: Vorvokalisches *r* tritt oft hinter den Vokal, wenn diesem *s*-Verbindungen oder *nn* folgten. Brechung (§ 4) unterbleibt in diesen Fällen gewöhnlich, doch kommen bes. angl. auch Formen mit Brechung vor. Z. B. *hors* (ahd. *hross*, *-sses*) Roß, *þěrscan* (ahd. *drëskan*) dreschen, ws. *birnan* (ahd. *brinnan*) brennen, ws. *irnan* (ahd. *rinnan*) laufen, aber nordh. *biorna*, *iorna*, merc. *beornan*, *eornan* und ws. auch *biernan*, *byrnan*, *yrnan*, die vielleicht auf Brechungsformen zurückgehen. Bei einfachem *s* in *ʒærs* Gras.

§ 30. Germ. **l** ist unverändert erhalten, z. B. *lǣran* (got. *laisjan*) lehren, *willa* (got. *wilja*) Wille, *hāl* (got. *hails*) Heil.

§ 31. Die germ. Nasale **m** und **n**, letzteres vor *c* und *ʒ* den gutturalen (d. h. sowohl den velaren als den palatalen) Nasal (*η*) bezeichnend, sind im Ae. im wesentlichen unverändert geblieben, z. B. *man*, *ʒuma*, *niman*, *swimman*, *findan*, *spinnan*, *brinʒan* (got. *briggan*), *þyncean* (got. *þugkjan*). — Nur vor den germ. stimmlosen Spiranten *f*, *þ*, *s* sind die Nasale geschwunden unter Dehnung des vorhergehenden Vokals, wobei *a* zu *ō* wird (s. § 9 Anm. 2); z. B. *fīf* (got. *fimf*), *sōfte* Adv. (ahd. *samfto*) sanft, *ʒōs* Gans, *ūs* uns, *ēst* (got. *ansts*, *i*-Stamm) Gunst, *ōðer* (got. *anþar*), *sīð* (got. *sinþs*) Weg.

Anm. 1. Vor der gutturalen Spirans *χ* bzw. dem Hauchlaut *h* (§ 23 Anm. 2) i t *n* (bzw. *η*) schon im germ. geschwunden; z. B. *fōn* (got. *fāhan*), *þūhte* (got. *þūhta*) Praet. zu *þyncean*.

Anm. 2. Der Nasal ist nicht ausgefallen, wo er erst durch Vokalsynkope vor Spiranten zu stehen gekommen ist, z. B. *winstre* linke Hand (ahd. *winistar*), Verba auf ahd. *-isōn*, wie *ʒrimsian* wüten; ferner in der 2. Sg. *canst*, *manst* (§ 106, 5. 9).

Anm. 3. In Nebensilben werden die durch Ausfall des Nasals vor Spiranten entstandenen langen Vokale nach § 20 wieder verkürzt, z. B. *ʒeoʒuð*, *-cð* Jugend, *dvʒtð*, *-oð* Tugend; ebenso in unbetontem *oð* bis, *oð-* ent-, z. B. *oð-ferian* entführen (neben betontem *ūð-ʒenʒe* entgehend).

Anm. 4. Auslautendes *m* der Flexion wird spätae. oft zu *n*, z. B. D. Pl. *daʒon* < *dagum*. — Im Nordh. schwindet auslautendes flexivisches *n*, z. B. Inf. *fara* < *faran*.

Anm. 5. Silbenschließendes *mn* wird spätae. oft zu *mm*, *m* z. B. *em* < *emn*, *efn* eben; *hræm*, *hrem* (G. *hræmmes*, *hremmes*) < *hræmn* < *hræfn* Rabe.

2. Geräuschlaute

a) Labiale

§ 32. Germ. **p** ist ae. unverändert, z. B. *pæð* Pfad, *hêlpan* helfen, ws. *wǽpen* (got. *wêpn*) Waffe, *æppel* Apfel. Im Anlaut steht *p* meist nur in Fremdwörtern, z. B. *pund* Pfund, *pīl* Pfeil.

§ 33. Westgerm. **b** (vgl. § 24, c) ist ae. unverändert, z. B. *brinʒan* bringen, *lamb, lomb* Lamm, *habban* (alts. *hebbian*) haben, *webb* Gewebe (alts. *-webbi*).

§ 34. Die germ. stimmhafte Spirans *ƀ*, soweit sie nach § 24, c westgerm. erhalten war (also inlautend und auslautend nach Vokal), ist auch im Ae. geblieben. Doch wird sie regelmäßig durch das Zeichen *f* ausgedrückt, ist also von germ. *f* (§ 35) in der Schreibung nicht geschieden und im Auslaut auch stimmlos geworden. Z. B. *ʒifan, ʒeaf* (got. *giban, gaf*), *sealfian* (got. *salbôn*), *ofer* über. In Lehnwörtern = lat. *v* oder *b*, z. B. *brēfian* kürzen < *breviare, fêfor* Fieber.

Anm. 1. Nur in den ältesten Quellen wird *b* für die stimmhafte Spirans geschrieben, z. B. *obær, earbed* (Epinal. Gl.). Erst spätae. kommt dafür die Schreibung *u* (*v*) auf (z. B. *yuel, sëlua = yfel, sëlfa*), welche früher nur in fremden Eigennamen (*Lāuid, Lēui*) öfter angewandt wurde.

Anm. 2. Da für germ. *ƀ* in der Gemination *bb* steht (§ 24, c), haben wir *wëfan* (weben) neben *webb* (Gewebe), zu *hebban* (heben), Praet. *hōf, hōfon* (§ 96).

Anm. 3. *fn* geht, besonders spätae., oft in *mn* über (und weiter in *mm, m*, vgl. § 31 Anm. 5); z. B. *stëfn* (got. *stibna*) > *stëmn, ëfn* (got. *ibns*) > *ëmn*.

§ 35. Die germ. stimmlose Spirans **f** ist im Ae. zunächst erhalten, ging aber inlautend zwischen stimmhaften Lauten in die stimmhafte Spirans über und fiel so mit germ. *ƀ* zusammen, doch ist die Schreibung *b* dafür auch in den ältesten Quellen nicht üblich, z. B. *fæder* (got. *fadar*) Vater, *hæft* (got. *hafts*) gefangen, *wulf*, Gen. *wulfes* (got. *wulfs*) Wolf, *fīf* (got. *fimf*) fünf, *þurfan* (ahd. *durfan*) bedürfen.

An·m. Erst spätae. kommt für die stimmhaft gewordene *f* die Schreibung *u. v* auf, z. B. *wulues*.

b) Dentale

§ 36. Germ. **t** ist ae. unverändert, z. B. *trēow* (got. *triu*) Baum, *ëtan* (got. *itan*) essen, *heorte* (got. *hairtô*) Herz, *sceatt* (got. *skatts*) Geld.

Anm. 1. Altws. steht für auslautendes *st* oft *sð*, z. B. *māsð* meist < *māst*, 2. Sg. *hilpesð* < *hilpest*.

Anm. 2. Die Lautgruppe *tʒ* in *ort-ʒeard* (got. *aúrti-gards* Wurzgarten, Garten) geht über in *c* (d. i. *tš*): *orceard*, auch *orcʒeard*, *ordceard*, *orcerd* geschrieben.

§ 37.

§ 37. Westgerm. **d** (nach § 24, b auch = urgerm. *ð*, got. *d*) ist im Ae. unverändert, z. B. *dæʒ* (got. *dags*) Tag, *drīfan* (alts. *dríban*) treiben, ws. kent. *healdan* (angl. wie got. *haldan*) halten, *biddan* (alts. *biddian*, got. *bidjan*, altnord. *biðja*) bitten, *tīd* (altnord. *tīð*) Zeit.

Anm. 1. Vor und nach stimmlosen Lauten wird *d* zu *t*, z. B. 2. Sg. Praet. *bitst*, *lætst* zu *biddan*, *lædan*; *milts* (zu *milde*) Mitleid; das *-de* der sw. Praet. I, z. B. *scencte*, *ʒrētte*. Nach Kons. + *d*, *t* geht das *d* des sw. Praet. verloren, z. B. *sende* < **send-de*), *þyrste* (< **þyrst-de*), vgl. § 102 Anm. 2.

Anm. 2. *d* ist geschwunden in *on-*, der unbetonten Form des Praefixes *and-*, *ond-*, z. B. *onfōn*, *onʒitan* usw.

Anm. 3. *d* in grammatischem Wechsel mit *þ*, *ð* s. § 25.

§ 38. Germ. *þ* ist im Ae. im wesentlichen unverändert geblieben, jedoch ist es wohl zwischen stimmhaften Lauten stimmhaft geworden, ohne daß dies durch die Schreibung zu erkennen wäre. Der Laut wird im Ae. bezeichnet durch *þ* oder *ð*: beide Zeichen sind gleichbedeutend. In diesem Buche ist, dem vorwiegenden Gebrauche vieler Hss. aus mittlerer und jüngerer Zeit entsprechend, im Anlaut stets *þ*, im In- und Auslaut *ð* angewandt worden. Beispiele: *þinʒ* Ding, *þrī* drei, *þwēan* (got. *þwahan*) waschen, *weorðan* (got. *wairþan*) werden, *līðan* (got. *leiþan*) gehen, *oððe* (got. *aiþþau*) oder.

Anm. 1. Für germ. *þ* wird in den ältesten Quellen *th*, inlautend daneben *d* geschrieben, im 9. Jahrhundert herrscht die Bezeichnung durch *ð* vor, später wird *þ* neben *ð* allgemein üblich.

Anm. 2. *þ*, *ð* in grammatischem Wechsel mit *d* s. § 25.

Anm. 3. Im Ae. (und Alts.) ist germ. *lþ* zu *ld* geworden und mit altem *ld* zusammengefallen: *ʒold*, *wilde* (got. *gulþ*, *wilþeis*) und *h(e)aldan* (got. *haldan*). Ferner wird ae., bes. ws., auch altes *þl* zu *dl* nach langem Vokal, z. B. ws. *nǣdl* (got. *nēþla*) Nadel; nach kurzem Vokal aber oft *tl*, z. B. *botl* Gebäude, *setl* Sitz. In den ältesten Quellen sind jedoch sowohl *lð* als *ðl* noch oft erhalten. — Spätae. geht auch *ðm* in *dm* über: *mādmas* (Pl. zu *māðum* Kleinod).

Anm. 4. Wenn *þ* durch Vokalausfall oder Komposition hinter *t*, *d*, *s* zu stehen kommt, so geht es in *t* über. Z. B. *ēaðmetu* Demut (aus **ēaðmettu*, d. i. **mōdiþa*), 3. Sg. *bit* er beißt (auslautend statt *bitt* < **bitð* < *bīteð*); 2. Sg. *hilpestu* (< *hilpes-þu*). Doch erscheint oft auch statt *t* durch etymologische Schreibung *ð* (*þ*). Die Gruppe *ðs* wird oft zu *ss* assimiliert, z. B. *bliss* (Freude) neben *blīðs*.

§ 39. Germ. **s** ist im Ae. anlautend, auslautend, inlautend in der Geminata und neben stimmlosen Lauten stimmlos geblieben, z. B. *sunu* Sohn, *sprĕcan* sprechen, ws. *slǽpan* schlafen, *sceal* soll; *cēosan* wählen, *fisc* Fisch, *cyssan* küssen, Prät. *cyste*. Inlautend zwischen stimmhaften Lauten ist es aber wie *f* (§ 35) und *þ* (§ 38) stimmhaft geworden, so in Prät. *lȳsde* zu *lȳsan* lösen.

Anm. 1. *s* in grammatischem Wechsel mit *r* s. § 25.

Anm. 2. Für *cs* und *hs* wird gewöhnlich *x* geschrieben, z. B. *rīxian* herr-schen, neben *rīcsian* (ahd. *richisôn*), *feax* Haar (got. *fahs*).

Anm. 3. Die Gruppen *sp* und *sc*, letzteres im Auslaut nach velarem Vokal und im Inlaut vor ursprüngl. velarem Vokal, erfahren im Westsächs. etwa im 9. Jahrhundert Metathese zu *ps* und *cs* (*x*), z. B. *āscian* (ahd. *eiskôn*) > *āxian* fragen, Plur. *fixas* zum Sing. *fisc* Fisch, *tusc* > *tux* Fangzahn, *wascan* > *waxan* waschen, *cosp* > *cops* (alts. *cosp*) Fessel.

c) Gutturale

§ 40. Von den germ. (indifferenten oder velaren) Gutturalen (§ 23) haben sich im Ae. (und Altfries.) der stl. Verschlußlaut *k* und der sth. Reibe- bzw. Verschlußlaut *γ*, *g* schon früh in velare und palatale Laute gespalten. In der ae. Schrift kommt dieser Unter-schied gewöhnlich nicht zum Ausdruck (doch s. Anm. 1), velares und palatales *k* wird mit *c*, velares und palatales *γ* und *g* mit *ʒ* bezeichnet. Auch im Stabreim werden die beiden Gruppen von Lauten miteinander gebunden. Die Spaltung ist aber in der Ein-wirkung auf Folgevokale und in der Weiterentwicklung ins Me. deutlich.

Palatal wurde *k* und *g* im Anlaut vor den hellen Vokalen *æ* (aus germ. *a* nach § 9, 2, a), ws. *ǽ* (aus germ. *ǽ*, § 12, a), *ē*, *ī* und den daraus durch Brechung entstandenen Diphthongen *ĕa, eo, io (ie, y)*, vor den Langdiphthongen *ēa* (§ 18), *ēo, īo (īe*, später *ȳ*) (§ 19); im Inlaut vor germ. *j* (das ae. gefallen war, § 28), vor und nach *i* (das im Auslaut als *e* erscheint oder gefallen war, § 20 und Anm. 1); ae. spirantisches *ʒ* (§ 42) zwischen allen hellen Vokalen; im Auslaut nach *i*, ae. spirantisches *ʒ* nach allen einfachen hellen Vokalen (nicht nach den Langdiphthongen *ēa, ēo, īo*).

Velar waren *k* und *g* im Anlaut vor Konsonanten und vor den dunklen Vokalen *a* (§ 9, 1 und § 9, 2, b), *ā* (nach § 12, b und aus germ. *ai*, § 17), *ō*, *ū* und den daraus durch *i*-Umlaut entstandenen *æ*

(§ 9, 1 und Anm. 8), *æ, ē (ōē), ȳ,* vor dem durch Velarumlaut (§ 7)
entstandenen *ea* (§ 9 Anm. 13); im Inlaut außer vor *j, i* (ae. spiran-
tisches *ȝ* außer zwischen hellen Vokalen); im Auslaut *k* außer nach
i; γ, g nach dunklen Vokalen und Konsonanten.

Anm. 1. Die ae. Runenschrift hatte für velare und palatale *c* und *ȝ* eigene
Zeichen. Einige Handschriften gebrauchen für velares *c,* besonders vor *i* und *y,*
auch das Zeichen *k.* Palatale Aussprache vor dunklen Vokalen wird manchmal
durch ein dazwischengesetztes *e* (vor *u* auch *i*) bezeichnet, z. B. *sēcean* neben
sēcan, senȝean neben *senȝan.*

Anm. 2. Im Auslaut abgefallenes *i* (§ 20) bewirkt Palatalisierung. Velare
Gutturale standen vor dem Sproßvokal *e* (§ 21, c), z. B. *finȝer, æcer,* und vor
dem aus *-ôj-* entstandenen *-i* der schw. Vb. II, z. B. *macian.* Außerdem ist eine
Rückbildung der palatalen Verschlußlaute zu velaren eingetreten, wenn sie
durch Synkope (in Mittelsilben, § 21, b, oder in Flexionsendungen, § 88 Anm.)
vor Konsonanten, wahrscheinlich auch wenn sie nach Ausfall eines *j* oder durch
Suffixtausch vor dunkle Vokale zu stehen kamen.

Anm. 3. In der Gruppe *sk* ist palatale Aussprache des *k* (und später Über-
gang zu *š*) in weiterem Umfang eingetreten, s. § 41 Anm. 1.

Anm. 4. Über Veränderung von Vokalen nach palatalen Konsonanten
s. § 6, a.

§ 41. Germ. **k** (geschrieben *c,* für *ks* meistens *x*) blieb, soweit
es **velar** war, erhalten; soweit es **palatal** war, wurde es im Laufe
der ae. Zeit zu *tš* assibiliert, ohne daß dies in der Schreibung zum
Ausdruck kam. Beispiele: (velar) *cyninȝ, cininȝ* (ahd. alts. *kuning*)
ne. *king* König; ae. *caru, cearu* (§ 9 Anm. 13) ne. *care* Sorge; angl.
calf ne. *calf* Kalb; *cū* ne. *cow* Kuh; *cēne* (ahd. *kuoni*) ne. *keen* kühn;
cnāwan ne. *know* wissen; *cwēn* ne. *queen* Frau; *macian* ne. *make*
machen; *lōcian* ne. *look* schauen; (Palatal) *cild* ne. *child* Kind; *cēosan*
(got. *kiusan*) ne. *choose* wählen, ws. kent. *cealf,* me. kent. *chalf* Kalb;
pic ne. *pitch* Pech; *tæcan* ne. *teach* lehren; *sēc(e)an* (got. *sôkjan*), ne.
beseech (aber *seek* mit Velar durch Rückbildung nach § 40 Anm. 2),
suchen.

Anm. 1. In der Lautfolge *sk* ist palatale Aussprache des *k* und später
Assibilierung zu *š* eingetreten im Anlaut vor allen Vokalen, im Inlaut außer
vor dunklen Vokalen, im Auslaut außer nach dunklen Vokalen. In der Laut-
folge *scr-* ist die Assibilierung mundartlich. Im späteren Ws. ist nicht assibiliertes
sc zu *cs* (*x*) metathesiert (s. § 39 Anm. 3). Z. B. *sc(e)acan* ne. *shake, sciftan* ne.
shift, scēotan ne. *shoot, sc(e)amu, sc(e)omu* ne. *shame, sc(e)ort* ne. *short, sculdor*
ne. *shoulder,* aber *scrapian* ne. *scrape,* frühne. auch *shrape, scrēad* ne. *screed* und
shred, āscian (spätws. *āxian*) ne. *ask, tusc* (spätws. *tux*) ne. *tusk* Fangzahn.

Anm. 2. Vor den Endungen der 2. 3. Sg. Ind. Ps. geht spätws. oft *c* in *h*
über, z. B. *tæhst, tæhð* statt *tæcst tæcð*.

Anm. 3. Die Assibilierung von *k'* zu *tš*, bzw. *sk'* zu *š* wird erst durch die
me. Schreibung *ch* für *tš* und *sch, sh* für *š* deutlich. Da aber für ae. *fetian* bereits
im 9. Jahrh. *fecc(e)an* auftritt, ist sie schon im Verlaufe der ae. Zeit eingetreten.
Me. und ne. Formen mit *k* statt zu erwartenden *tš, š* sind Lehnwörter aus dem·
altnord., soweit nicht ae. mundartl. Nebenformen, Ausgleichung an nach § 40
Anm. 2 velar gewordene Palatale oder lat. Schulaussprache (z. B. ne. *school*) in
Betracht kommen.

§ 42. **g** (germ. *g, γ*, got. alts. *g*) ist im Ae. im allgemeinen
stimmhafte (velare oder palatale) S p i r a n s. Bezeichnet wird es
stets mit *ʒ*, welches auch für den Halbvokal *j* (§ 28) angewandt
wird, mit dem die palatale Spirans gleichlautend wurde. Es ist
aber: v e l a r e r Verschlußlaut in der urgerm. Geminata (§ 26, a,
z. B. *froʒʒa* Frosch, gew. *ʒʒ* geschrieben), dann vor dunklen Vokalen
(*ă, ō, ŭ* und ihren Veränderungen, § 40, Abs. 3) und Konsonanten
im Anlaut und nach *n* (z. B. *sinʒan* ne. *sing* singen, *ʒāst* ne. *ghost*
Geist, *ʒlæd* ne. *glad* froh); p a l a t a l e r Verschlußlaut vor *j* in der
westgerm. Geminata (§ 26, b, geschrieben *cʒ*) und nach *n* (z. B.
hrycʒ, ahd. *hrukki*, ne. *ridge* Rücken, *brycʒ* ne. *bridge* Brücke, *senʒ(e)an*
ne. *singe* sengen). Dieser palatale Verschlußlaut ist wohl so wie der
stimmlose (s. § 41) im Laufe der ae. Zeit zu *dž* assibiliert worden.
Beispiele für Spirans: (palatal) *ʒeard* ne. *yard* Hof; *ʒierd*, außerws.
ʒerd ne. *yard* (Maß) 'Gerte', desgl. *ʒellan* ne. *yell* schreien, *dæʒ* ne.
day Tag, *reʒn* ne. *rain* Regen; (velar) Plur. *daʒas* me. *dawes* Tage,
boʒa ne. *bow* Bogen.

Anm. 1. Die Spirans oder der Verschlußlaut und die Assibilierung des
palatalen Verschlußlautes wird erst in me. Zeit durch die Einführung der
Schreibung *g* und Beibehaltung des *ʒ* für die Spirans deutlich.
Anm. 2. *ʒ* in grammatischem Wechsel mit *h* s. § 25.
Anm. 3. *iʒe* (aus *iʒi*) wird öfter zu *ī* k o n t r a h i e r t, z. B. *īl* Igel, *līð* (aus
liʒeð) er liegt; auch sonst schwindet oft *ʒ* n a c h *i*, besonders in Ableitungssilben,
z. B. *hunʒrie* für *hunʒriʒe, menio* für *meniʒo*, und später auch auslautend, z. B.
æni für *æniʒ*. — Für -*rʒ*-, -*lʒ* erscheint noch *y, i, e* oft -*riʒ*, -*liʒ*, z. B. *merʒen*
und *meriʒen* Morgen, *fylʒan* und *fyliʒan* folgen; sodann (mit Verlust des *ʒ* nach *i*)
merien, fylian.
Anm. 4. *ʒ* wird in der späteren Sprache meist zu *h* vor s t i m m l o s e n
K o n s o n a n t e n, sowie im Wortauslaut nach *r, l* und velaren Vokalen; *stīhð*
für *stīʒð* steigt; *burh* Burg, *bealh* (Praet. zu *bĕl_iʒan* zürnen), *stāh* (Praet. zu *stīʒan*),
ʒenōh genug. — Nach Palatalvokalen, sowie vor stimmhaften Konsonanten

erscheint *h* statt *ȝ* nur selten, z. B. *āȝlæca* (und *āhlæca*) Unhold, oder *stīh* statt *stīȝ*. — Für dieses *h* wird bisweilen *ȝh* geschrieben (*burȝh*, *stāȝh* usw.).

Anm. 5. In der Verbindung *nȝ* erscheint auslautend und vor stimmlosen Konsonanten öfter *c* und *cȝ* für *ȝ*, z. B. *cyninc* (*cynincȝ*), *sprincð* (3. Sg. zu *sprinȝan*), womit wohl der Verschlußlaut angedeutet werden soll.

Anm. 6. Im späteren Ws. schwindet *ȝ* häufig nach kurzem hellem Vokal vor Dentalen (*d*, *t*, *n*) unter Dehnung des Vokals, z. B. *sæȝde* und *sæde* sagte, *breȝdan* und *brēdan* schwingen, *þeȝnian* und *þēnian* dienen, *friȝnan* und *frīnan* fragen und danach Praet. *frūnon* für *fruȝnon* fragten, Praet. *brūdon*, Part. *brōden* für *bruȝdon*, *broȝden*; ws. allgemein in *onȝēan* wiederum (angl. *onȝæȝn*, selten *onȝæn*, in poet. Denkmälern auch *onȝeȝn*), ebenso *toȝēan* entgegen.

Anm. 7. Die Geminata *cȝ* (= got. *gj* und palatal) wird im Auslaut nicht vereinfacht (§ 26 Anm. 2), also stets *hrycȝ*. Sehr selten steht *ȝȝ* statt *cȝ*, das gewöhnlich nur für die alte (velare) Geminata gebraucht wird.

§ 43. h (germ. stimmlose Spirans *χ* oder *h*, got. *h* § 23 Anm. 2) ist ae. a) im Anlaut regelmäßig erhalten, z. B. *here* (got. *harjis*) Heer, *hlāf* (got. *hlaifs*) Laib, *hrinȝ* Ring, *hnīȝan* neigen, *hwīt* weiß. — b) Inlautendes *h* nach betonten Silben schwindet stets vor Vokalen, welche dabei mit dem vor dem *h* stehenden Vokale kontrahiert werden (s. § 8), z. B. *tēon* (got. *tiuhan*), *slēan* (got. *slahan*) *þēon* (alts. *thīhan*). Geht dem *h* ein Konsonant (*l*, *r*) voraus, so wird der diesem vorausgehende Vokal wahrscheinlich gedehnt, z. B. *feorh*, Gen. *fēores* (alts. *ferah*), *fēolan* (got. *filhan*). — c) Inlautendes *h* erhält sich in der Gemination und vor stimmlosen Konsonanten, schwindet dagegen vor stimmhaften Konsonanten; z. B. ws. *hlyhhan* (got. *hlahjan*) lachen; *teoh*, Gen. *teohhe* (mhd. *zëche*) Reihenfolge; *eahta* acht (got. *ahtau*), *weaxan* (für *weahsan* nach § 39 Anm. 2), ws. *hȳhsta* der höchste (got. *hauhista*), *fēhð* (got. *fāhiþ*) 3. Sg. zu *fōn* (got. *fāhan*) fangen; aber *flēam* Flucht (zu *flēon*, Prät. *flēah*), *lǣne* (alts. *lêhni*) vergänglich; auch in Kompositis, z. B. *hēalic* (aus *hēah-lic*) hoch. — Auslautendes *h* bleibt regelmäßig, z. B. *feorh* Leben (Gen. *fēores*), *hēah* hoch, *tēoh* (Imperat. zu *tēon* ziehen).

Anm. 1. *h* in grammatischem Wechsel mit *ȝ* s. § 25.

Anm. 2. Das westgerm. aus früherem *hw* entstandene *h* (vgl. § 25 Anm. 1) wird ganz wie einfaches *h* behandelt, z. B. *sēon* (alts. *sëhan*, got. *saiƕan*), Pract. *seah* (alts. *sah*, got. *saƕ*).

Anm. 3. Vor *s* + Kons. ist *h* geschwunden, z. B. *nēosian* (alts. *niusôn*, vgl. got. *niuhsjan*) besuchen, *wæsma* (ahd. *wahsmo*) Wachstum, aber ws. *nīehsta* nächste mit *h* nach *nēah* nah.

Anm. 4. In den ältesten Quellen ist inlautendes *h* noch öfter erhalten (*thōhæ, wlōhum*, Epin. Gl. = *þō, wlō(u)m*); ebendaselbst wird statt *ht* oft *ct* oder *cht* geschrieben (*dryctin, sōchtæ*).

Anm. 5. Für auslautendes *h* wird in den ältesten Quellen öfter *ch* geschrieben (*tōch, thorch* Epin. Gl.); später findet sich ȝ statt *h*, z. B. *feorȝ, þurȝ* (vgl. § 42 Anm. 4).

Anm. 6. Spätae. wird vor vokalisch beginnenden Endungen bei auf *h* auslautenden Wörtern, das im Auslaut erhalten, vor Vokalen aber gefallen war, oft analog zu solchen, welche ursprünglich auf ȝ auslauteten (§ 42 Anm. 4), ein ȝ eingeführt, z. B. N.A. Pl. zu *hēah* hoch *hēaȝe* statt ursprünglich *hēa*, G. D. Sg. *furȝe* statt *fūre* zu *furh* Furche, G. Sg. *mearȝes*, D. *mearȝe* zu *mearh* Mark (davon me. ne. *furrow, marrow*).

III. Flexionslehre

I. Abschnitt. Deklination

Kap. I. Deklination der Substantiva

A. Vokalische (starke) Deklination

1. Die *a*- (idg. *o*-) Deklination

§ 44. Die *a*-Deklination enthält nur Maskulina und Neutra. Je nachdem, ob das thematische Element einfaches -*a* (idg. -*o*) ist oder ihm ein *j* bzw. *w* vorangeht, unterscheidet man reine *a*-Stämme, *ja*- und *wa*-Stämme.

a) Reine *a*-Stämme

§ 45. Maskulina. Paradigmen: *dōm* Urteil, Gericht, *dæʒ* Tag (vgl. § 9, 2, a, b), *finʒer* (vgl. § 21, c).

					alts.
Sg. NA.		dōm	dæʒ	finʒer	dag
	G.	dōmes	dæʒes	finʒres	dages, -as
	D.	dōme	dæʒe	finʒre	dage, -a
	I.	dōme	dæʒe	finʒre	dagu, (-o)
Pl. NA.		dōmas	daʒas	finʒras	dagos, (-as)
	G.	dōma	daʒa	finʒra	dago
	D.	dōmum	daʒum	finʒrum	dagun, -on

So gehen die meisten Maskulina, da im Ae. auch aus anderen Deklinationsklassen viele Wörter hierher übergetreten sind, besonders die langsilbigen *i*- und *u*-Stämme. Weitere Beispiele: *wulf* Wolf, *mūð* Mund, *weal* (statt *weall*, angl. *wall*), G. *wealles* Wall (§ 26 Anm. 2), *pæð* (Pl. *paðas*) Pfad, *eoh* (G. *ēos* § 43, b) Pferd, *seolh* (G. *sēoles* § 43, b) Seehund, *enʒel* (G. *enʒles*) Engel, *cyninʒ* König, *heofon* (G. *heofones*) Himmel.

Anm. In den ältesten Quellen geht der G. Sg. auf -*æs*, D. Sg. auf *æ*, I. Sg. auf -*i* aus (also *dōmæs*, *dōmæ*, *dōmi*). Die Form des G. auf -*æs* (-*as*) ist auch später nordh. noch häufig. — Der G. Pl. wird im Nordh. und auch in späten ws. Texten öfter nach Art der *n*-Deklination (§ 58) gebildet: *daʒana*, -*ona*. —

3*

Das -*um* des D.Pl. dieser und aller folgenden Substantiv-Deklinationen geht
später in -*un*, -*on*, -*an* über (vgl. § 70 Anm. 1).

§ 46.   Neutra.   Paradigmen: *word* Wort, *fæt* Faß (vgl. § 9,
2, a. b), *hēafod* Haupt (vgl. § 21).

					alts.	
8g.	NA.	word	fæt	hēafod	word	fat
	G.	wordes	fætes	hēafdes	wordes, as	
	D.	worde	fæte	hēafde	worde, -a	
	I.	worde	fæte	hēafde	wordu, (-o)	
Pl.	NA.	word	fatu, -o	hēaf(o)du	word	fatu
	G.	worda	fata	hēafda	wordo	fato
	D.	wordum	fatum	hēafdum	wordun	fatun, -on

Weitere Beispiele: a) langsilbige (wie *word*): *bearn* Kind,
wīf Weib, *feorh* (G. *fēores* § 43, b) Leben; — b) kurzsilbige (wie
fæt): *hof* (Pl. *hofu*) Hof, *dæl* (Pl. *dalu*) Tal, *ʒeat* (aus *ʒæt* § 9, 2, d)
Tor (Pl. *ʒatu*, seltener *ʒeatu* § 9 Anm. 13), *ʒærs* (aus *ʒræs* § 29 Anm.)
Gras (Pl. *ʒrasu*), *ʒesēt* Wohnsitz (Pl. *ʒesētu* und dial. *ʒeseotu*, vgl.
§ 10, 2, B), *clif* Klippe (Pl. *clifu* und *cliofu, cleofu*, vgl. § 10, 2, B); —.
c) mehrsilbige: *tunʒol* (G. *funʒles*) Stern, *tācen* (G. *tācnes*) Zeichen,
lēʒer (G. *lēʒeres* § 21 Anm. 4) Lager; *wērod* (G. *wērodes*) Schar.

Anm. Die in § 45 Anm. bemerkten Nebenformen gelten auch für die
Neutra. — Die Endung des N.A.Pl. auf -*u* (jünger -*o*, spät auch -*a*) kommt
den kurzsilbigen Neutris zu (§ 20 Anm. 1); bei den mehrsilbigen ist das -*u*
schwankend; doch läßt sich sagen, daß Wörter mit altem Mittelvokal (§ 21, b)
den Plural gewöhnlich bei kurzer Wurzelsilbe ohne -*u* bilden (z. B. Pl. *wērod*),
dagegen mit -*u* bei langer Wurzelsilbe, und zwar meist ohne Synkope des Mittel-
vokals (also *hēafodu*, erst später *hēafdu*). Die Wörter mit neuem Mittelvokal
dagegen (§ 21, c) schwanken: N.A.Pl. *tunʒol* und *tunʒlu*, *tācen* und *tācnu*.

b) *ja*-Stämme

§ 47.   Die kurzsilbigen haben westg. Gemination (außer bei
stammschließendem *r*, § 26, b), das *j* fällt dann nach § 28 ab. Die
langsilbigen haben das aus *j* nach § 28 entwickelte *i* vor urgerm.
abgefallenen Endungen (§ 20 Anm. 1) erhalten (gemeinae. als *e*).
Sämtliche Stämme zeigen *i*-Umlaut, wo dieser eintreten kann.

Paradigmen der Maskulina: kurzstämmig: *secʒ* Mann, lang-
stämmig: *ende* Ende; der Neutra: kurzstämmig: *cyn(n)* Geschlecht,
langstämmig: *rīce* Reich.

		Mask.		Neutr.		alts.	
Sg.	NA.	secʒ	ende	cyn(n)	rīce	endi	kunni
	G.	secʒes	endes	cynnes	rīces	endies	kunnies
	D.	secʒe	ende	cynne	rīce	endie	kunnie
	I.	secʒe	ende	cynne	rīce	endiu	kunniu
Pl.	NA.	secʒ(e)as	endas	cyn(n)	rīcu	endios	kunni
	G.	secʒ(e)a	enda	cynna	rīca	endio	kunnio
	D.	secʒ(i)um	endum	cynnum	rīcum	endiun	kunniun

Wie *secʒ* und *cyn(n)* (§ 26 Anm. 2) gehen die ursprünglich kurz-
silbigen, z. B. Mask. *hrycʒ* (alts. *hruggi*) Rücken, *dyn(n)* Lärm; —
Neutr. *wed* (alts. *weddi*) Pfand, *bed* (alts. *bed, beddi* G. *beddies*) Bett,
net (alts. *net*) Netz.

Wie *ende* und *rīce* gehen die langsilbigen, z. B. Mask. ws.
hyrde (alts. *hirdi*) Hirt, *læce* Arzt, poet. *mēce* (§ 12 Anm. 1) Schwert,
und Nom. agentis auf -*ere* (alts. -*ari*), z. B. *fiscere* Fischer, *bōcere*
Schriftgelehrter; — Neutr. *wīte* (alts. *wîti*) Strafe, Pl. *wītu, ʒewæde*
Kleid, *ʒemyrce* Grenze.

Anm. 1. Über die Erhaltung des auslautenden -*e* der langstämmigen
(*ende, rīce*) vgl. § 20 Anm. 1. — Bei den kurzstämmigen ist die Geminata in
den N. A. Sg. aus den übrigen Kasus übertragen.

Anm. 2. Die Erhaltung des auslautenden -*u* bei den langstämmigen
Neutris im Nom. Akk. Plur. erklärt sich aus deren ursprünglicher Stellung nach
dem später nach § 21, b synkopierten Mittelvokal -*i*-.

Anm. 3. Die neutralen Ableitungen auf -*enn*, -*ett* (mit Vereinfachung
des *nn, tt* im Nom. Akk. Sing.): *wēsten* Wüste (G. *wēstennes* und später *wēstenes*
§ 26 Anm. 2), *fæsten* Fasten, *rēwet* Rudern (G. *rēwettes*) bilden den N. A. Pl. auf
-*u* (*wēstennu, wēstenu*).

Anm. 4. Das Mask. *here* Heer (alts. *heri*, got. *harjis*) mit *e* aus dem nach *r*
erhaltenen und zu *i*, später *e* vokalisiertem *j* im N. A. Sg. flektiert G. Sg. *herʒes*,
D. I. Sg. *herʒe*, *heriʒe*, N. A. Pl. *herʒas*, *heriʒas* usw.; daneben auch
heres usw.

Anm. 5. Die Neutra ws. *hīeʒ*, *hīʒ* außerws. *hēʒ* Heu und *ʒlīʒ* Freude
haben das *j* auslautend und zwischen Vokalen (§ 28) beibehalten, G. Sg. *hīʒes*,
hēʒes, *ʒlīʒes* usw.

c) *wa*-Stämme

§ 48. Für die *wa*-Stämme, die im ganzen nach § 45, § 46
gehen, kommen nur die Gesetze des auslautenden *w* (§ 27) in Be-
tracht. Paradigmen: Mask. *snāw* (sehr selten *snā*) Schnee (alts.
snêu, snêwes); Neutra *trēow* (seltener *trēo*) Baum (alts. *treo*), *bealu*
Übel (alts. *balu, baluwes*).

Sg. NA.	snāw	trēow	bealu, -o
G.	snāwes	treowes, trēowes	bealwes
D.	snāwe	treowe, trēowe, (trēo)	bealwe
I.	snāwe	treowe, trēowe	bealwe
Pl. NA.	snāwas	treowu, trēow(u) (trēo)	bealu, -o
G.	snāwa	treowa, trēowa	bealwa
D.	snāwum	treowum, trēowum	bealwum

Weitere Beispiele dieser nicht zahlreichen Klasse: a) nach *snāw*: Mask. *hlāw, hlǣw* Grabhügel, *þēaw* Sitte, Neutr. *anclēow* Knöchel; — b) nach *trēow*: Mask. *þēow* (seltener *þēo*) Knecht (N.A.Pl.) *þéowas*, Neutr. *cnēow* (seltener *cnēo*) Knie; — c) nach *bealu*: Neutra *searu* Rüstung, *me(o)lu* (G. *melwes* usw.) Mehl, *teoru* Teer; Mask. *bearu* Wald (N.A.Pl. *bearwas*).

Anm. 1. *ea* in *bealu, searu, bearu* ist durch Brechung in den flekt. Kasus (§ 9, 2, c) zu erklären; *eo* in *meolu* durch *u*-Umlaut (§ 10, 2, B). — Zwischen *r, l* und *w* erscheint oft ein Sekundärvokal *u, o* oder *e* (letzteres besonders vor *a, u* der Endung), z. B. *bealuwes, bealowe, bealewa, bealewum*; vgl. § 53 Anm. 2; § 72 Anm. 2.

Anm. 2. Bei den nach *bealu* gehenden dringt das *w* auch in den N.A. (*bealuw, searuw*); der D.Pl. lautet älter auch *bealum*, der N.A.Pl. der Neutra später auch *bealwu, -wa*.

2. Die ô- (idg. â-) Deklination

§ 49. Diese Klasse enthält nur **Feminina**. Neben den reinen ô-Stämmen gibt es *jô*- und *wô*-Stämme.

a) Reine ô-Stämme

§ 50. Die hierhergehörigen Wörter sind nach dem N.Sg. in **kurzsilbige und langsilbige** zu scheiden, da das *u*- der Endung nach langer Silbe schwand (§ 20 Anm. 1). Einige Besonderheiten zeigen die **dreisilbigen** (unten c). Paradigmen: *ʒifu* (alts. *gëba*) Gabe, *ār* (alts. *ëra*) Ehre.

			alts.
Sg. N.	ʒifu, -o	ār	gëba, ëra, (-e)
G.	ʒife	āre	gëba
D.	ʒife	āre	gëbu, (-o, -a)
A.	ʒife	āre	gëba, (-e)
Pl. NA.	ʒifa, -e	āra, -e	gëba
G.	ʒifa, (-ena)	āra, (ārena)	gëbono
D.	ʒifum	ārum	gëbun, -on

Beispiele: a) Wie *ʒifu* gehen kurzsilbige: *sacu* Verfolgung
(G. Sg. *sace* und *sæce*, § 9 Anm. 5), *cwalu* Tod, *þēʒu* Empfang, *scolu*
Schar, *lufu* Liebe usw. — b) Wie *ār* geht die große Anzahl der lang-
silbigen, z. B. *rōd* Kreuz, *mearc* Mark, *sorʒ* (und *sorh* § 42 Anm. 4)
Sorge, *heal, heall* (§ 26 Anm. 2) angl. *hall* Halle, *nædl* angl. *nēdl* Nadel;
Wörter mit neuem Mittelvokal (§ 21, c), *frōfor* (G. *frōfre*) Trost, *wōcor*
(G. *wōcre*) Wucher. — c) Die ursprünglich dreisilbigen bilden regel-
mäßig den N. Sg. wie *ār* ohne -*u*, z. B. *firen*, G. *firene* (alts. *firina*)
Sünde, *sāwol* (got. *saiwala*) Seele, G. *sāwle* nach § 21, b; nur die Abstrakta
auf got. -*iþa* haben gewöhnlich den N. Sg. auf -*u*, -*o*, woneben aber
(bes. später) auch die gekürzte Form steht, z. B. *strenʒðu* und
strenʒð (ahd. *strengida*) Kraft, *ēaðmēttu* (§ 38 Anm. 4) Demut.

Anm. 1. In den ältesten Quellen gilt -*æ* statt -*e* als Endung des G. D. A. Sg.
und N. A. Pl.; im N. A. Pl. ist wests. und kent. *a* die gewöhnliche Endung, *e*
ebenso charakteristisch für das Angl. — Bei den Abstrakten auf -*unʒ* ist die
Endung -*a* statt -*e* auch im G. D. Sg. häufig. Ein Dat.-Instr. auf -*i*, der in den
ältesten Quellen bisweilen begegnet (*rōdi*), ist aus der *a*-Dekl. entlehnt. — Die
aus der *n*-Deklination (§ 59 f.) entlehnte Endung des G. Pl. auf -*ena* fehlt altws.
noch und ist auch später nur in beschränktem Umfange, besonders bei einigen
kurzsilbigen, durchgedrungen. Nordh. und im spätesten Ws. kommt auch
G. Sg. auf -*es* (nach der *a*-Dekl.) vor.

Anm. 2. Die Form des N. Sg. auf -*u* (-*o*) wird in jüngeren Texten bis-
weilen auf die übrigen Singularkasus übertragen, so daß also z. B. *lufu* auch
als G. D. A. Sg. steht. Besonders häufig ist dies bei den Abstrakten auf -*ðu*, -*ðo*,
bei denen sowohl die längere Form (*strenʒðu*, -*ðo*), als auch die kürzere (*strenʒð*)
in die übrigen Kasus des Sg. dringt, wozu wohl die Abstrakta auf -*u* (§ 51)
Veranlassung gaben.

§ 51. Die femininen Abstrakta auf -*î*, welche ursprünglich
der *n*-Deklination angehörten (got. *managei*), sind ae. in diese Klasse
übergetreten. Der frühere Ausgang -*î* zeigt sich noch durch steten
i-Umlaut der Wurzelsilbe (z. B. ws. *yldu* angl. *ældu* kent. *eldu* Alter,
hyldu Huld, *hǣlu* Heil, *strenʒu* Kraft) und in der Palatalisierung
vorausgehender Gutturale (z. B. *meniʒeo* Menge, § 40 Anm. 1).
Da das -*n* (bzw. -*nz* im Gen.) der obl. Kasus westgerm. abgefallen
war (vgl. alts. N. G. D. A. Sg. *huldi*), wurden diese wegen ae.
-*î*→-*i*→-*e* (§ 20) denen der *ô*-Dekl. gleich. Der N. Sg. wurde dann
analog zu den Abstrakten auf -*ðu* (got. -*iþa*, § 50, c) auf -*u* ge-
bildet, doch tritt die Endung -*u* auch in den obl. Kasus des Sing.
ein. — Die Flexion dieser Wörter ist daher N. G. D. A. Sg. *hyldu, -o,*

daneben G. D. A. auch *hylde.* Plurale sind selten und werden nach
der *ô*-Dekl. gebildet, also N. A. *hylda, -e,* G. *hylda,* D. *hyldum,* doch
kommt im N. A. Pl. auch *hyldu, -o* vor.

b) *jô*-Stämme

§ 52. Alle *jô*-Stämme flektieren ganz wie *ār* (§ 50), nur haben
sie, wo es möglich ist, *i*-Umlaut im Wurzelvokal. Außerdem kommt
der G. Pl. auf *-ena* bei ihnen nicht vor. Die ursprünglich kurz-
silbigen haben Gemination des stammauslautenden Kons. durch *j*
(§ 26, b), die auslautend meist vereinfacht wird (§ 26 Anm. 2). Das
auslautende *-u* des Nom. Sing. fällt nach der durch die Geminata
lang gewordenen Silbe ab. Auch die ursprünglich langsilbigen sind
im Nom. Sing. (anders als die N. A. Pl. der langsilbigen *ja*-Neutra,
§ 47) endungslos. Beispiele: a) ursprünglich langsilbige: *hild*
Kampf (alts. *hildia*), *ȳð* Woge (alts. *ûðia*), *hȳð* Beute; Ableitungen
mit *-s* wie *milds, milts* Erbarmen; — b) ursprünglich kurzsilbige:
sib, sibb Friede (alts. *sibbia*), *brycʒ* Brücke, *hell* Hölle; — c) Ab-
leitungen auf *l, n, s,* z. B. *condel* Leuchte, *ʒyden* Göttin, *hæʒtes*
Hexe (G. Sg. *condelle, ʒydenne, hæʒtesse*) und Abstrakta auf *-nes*
(G. *-nesse*) wie *hāliʒnes* Heiligkeit usw.

Anm. 1. Die Endungslosigkeit des N. Sg. der ursprünglich langsilbigen
Subst. dieser Klasse gegenüber der Endung *-u* der langsilbigen Neutra der
ja-Dekl. im N. A. Pl. erklärt sich dadurch, daß viele der *jô*-Subst. ehemalige
-jē-Stämme sind, die im Nom. Sg. den Endungsvokal *-i-* als Schwundstufe zu
-ị̄ē- hatten, vgl. got. *bandi* gegen *sunja.* Doch ist auch Analogie zu den reinen
ô-Stämmen (*ār*, § 50) möglich.

Anm. 2. Ein *-u* im N. Sg. haben der ursprüngl. *i*-Stamm *e(o)wu* Schaf
(s. § 10 Anm. 12, aus **awî*, lat. *ovis*) und *þeowu* Dienerin (got. *þiwi*), daneben
kommt auch der N. Sg. *e(o)we, þeowe* nach der *n*-Dekl. (§ 60) vor, von *þeowe*
auch schw. Formen überhaupt (G. *þeowan* usw.). Ferner haben bisweilen die
mit germ. *-injô* von Mask. abgeleiteten Fem. N. Sg. auf *-u* (z. B. *ʒydenu* Göttin)
und in der älteren Sprache stets die langsilbigen Ableitungen auf *-t* (z. B. *ylfetu*
Schwan, *hyrnetu* Hornisse).

Anm. 3. Neben der Ableitungssilbe *-nes* steht auch *-nis, -nys.* Nordh.
und im späten Ws. kommt auch *-nisse, -nysse, -nesse* im N. Sg. mit analog. *-e*
(nach der *n*-Dekl.) vor.

Anm. 4. ws. *īeʒ, īʒ,* angl. kent. *ēʒ* Insel (G. *īʒe, ēʒe*) und *cæʒ* (G. *cæʒe*)
Schlüssel behalten das *j* in allen Kasus bei (vgl. § 47 Anm. 5).

c) *wô*-Stämme

§ 53. Die *wô*-Stämme weichen ebenfalls nur wenig von den reinen *ô*-Stämmen ab. Ganz wie *ār* gehen die Wörter mit Vokal oder Diphthong vor dem *w*, z. B. *hrēow* Reue, *trēow* Treue. Von den Wörtern mit Konsonant vor dem *w* haben die kurzsilbigen im N. Sg. *-u*, *-o*, die langsilbigen sind ohne Endung. Z. B. N. Sg. poet. *beadu*, *-o* (Kampf), G. Sg. *beadwe* usw.; ws. *mǣd* (Wiese), G. Sg. *mǣdwe*, *mǣde* usw. (vgl. § 27).

Anm. 1. Von den Stämmen auf Kons. + *wô* haben die langsilbigen häufig Formen ohne *w* in den obl. Kasus (*mǣde* usw.), bei kurzsilbigen zeigt sich dies nur bei einzelnen Wörtern, z. B. *sceadu* Schatten, G. *sceade* und *sceadwe*. Stämme auf Vokal + *wô* (nach § 18 Anm. 1) sind *þrēa* Drohung, *clēa* G. *clawe*, darnach N. *clawu* wie *ȝifu* § 50.

Anm. 2. Sekundärvokale (§ 48 Anm. 1; § 72 Anm. 2) erscheinen auch bei kurzsilbigen Femininis bisweilen zwischen Konsonant und *w*: *beadowe* neben *beadwe* usw.

3. Die *i*-Deklination

§ 54. Die *i*-Deklination enthält Maskulina, Feminina und eine verhältnismäßig kleine Anzahl Neutra, die überdies erst aus anderen Deklinationsklassen hierher übergetreten sind. Zu unterscheiden sind langsilbige und kurzsilbige, da (nach § 20 Anm. 1) das *i* im N. A. Sg. nach langer Stammsilbe geschwunden, nach kurzer aber (als *-e*) erhalten ist. Die Flexion der *i*-Stämme ist ae. schon größtenteils an die der *a*-, *ô*-Stämme angeglichen.

a) Langsilbige

§ 55. 1. Die langsilbigen Maskulina sind im allgemeinen völlig in die *a*-Deklination übergetreten und flektieren ganz wie *dōm* (§ 45). Sie sind nur noch an dem Umlaut der Wurzelsilbe und der Palatalisierung wurzelauslautender Gutturale (§ 40) zu erkennen. Z. B. *wyrm*, N. A. Pl. *wyrmas* Wurm (alts. *wurm*, Pl. *wurmi*); ebenso ws. *ȝiest*, *ȝyst* angl. kent. *ȝest* Gast, *wyrp* Wurf; oder *drenc* Trank, N. A. Pl. *drenc(e)as*, G. *drenc(e)a*, D. *drenc(i)um*; ebenso *wǣȝ* Woge, *stenȝ* Stange, *fenȝ* Griff u. a.

Nur einige pluralia tantum haben die alten Formen des N. A. Pl. auf *-e* (s. § 20 Anm. 1) erhalten: *ylde* (ws. nach § 9, 2, c) Menschen, *ylfe* (desgl.) Elfen, *lēode* Leute, und Völkernamen wie *Enȝle*, *Seaxe*, *Norðanhymbre*. Diese gehen also:

		alts.
Pl. N A.	lēode	liudi
G.	lēoda (Seaxna)	liudio
D.	lēodum	liudium

2. Die langsilbigen Neutra sind ebenfalls nur noch am Umlaut oder an der Palatalisierung zu erkennen. Nach ihrer Herkunft zerfallen sie in zwei Flexionsklassen:

a) **Ursprüngliche Neutra**, die aus der *s*-Deklination (§ 67) hierher übergetreten sind, flektieren ganz wie *cynn* (§ 47), haben also endungslosen N. A. Pl. Z. B. *flæsc* Fleisch, N. A. Pl. *flæsc* (G. *flæsc(e)a*, D. *flæsc(i)um* nach § 40 Anm. 1); ebenso *flēos*, ws. *flīes*, *flȳs* Vlies, und viele Bildungen mit *ʒe-*, wie *ʒeswinc* Plage (D. Pl. *ʒeswincium*).

Anm. 1. Neben umgelauteten Formen stehen hier oft auch solche ohne Umlaut, die noch auf die urspr. Zugehörigkeit zur *s*-Dekl. hindeuten; z. B. *ʒebann*, *ʒebonn* und *ʒebenn* Bann, *ʒefōʒ* und *ʒefēʒ* Fügung.

b) **Ursprüngliche Feminina**, aus der fem. *i*-Deklination (§ 55, 3) hierher übergetreten, wie *ʒebyrd* Geburt, *ʒecynd* Geschlecht, flektieren meist wie *wēsten* (§ 47 Anm. 3), haben also N. A. Pl. wie *ʒebyrdu*, *ʒecyndu* (selten endungslos *ʒecynd*). Sonst gehen sie wie die übrigen.

Anm. 2. Feminines Geschlecht und femininische Flexion sind bei diesen Wörtern daneben oft noch erhalten.

3. Die langsilbigen Feminina unterscheiden sich von den langsilbigen *ô*-Stämmen (*ār* § 50) nur noch durch den endungslosen A. Sg. Paradigma: ws. *dǣd* angl. kent. *dēd* Tat.

	ws.	**alts.**			**ws.**	**alts.**
Sg. N A.	dǣd	dǎd		Pl. N A.	dǣda, -e	dǎdi
G.	dǣde	dǎdi		G.	dǣda	dǎdio, -eo
D.	dǣde	dǎdi		D.	dǣdum	dǎdium, -ion

Weitere Beispiele: *cwēn* Frau (alts. *quân*), *hȳd* Haut, *ēst* Gunst (alts. *anst*), *ʒewyrht* Tat; ohne Umlaut *ʒesceaft* Geschöpf, *ʒeþeaht* Gedanke (auch n.); schwankend *meaht* (angl. *mæht*) und *miht* Macht.

Anm. 3. In den ältesten Quellen finden sich noch der N. A. Pl. auf -*i* (*mæcti* Hymn. Cædmons).

Anm. 4. In den A. Sg. dringt später die Endung -*e* aus der *ô*-Dekl., mit welcher dann die Flexion dieser Feminina völlig zusammenfällt.

Anm. 5. Über den Übertritt von Femininis dieser Klasse zum Ntr.
s. § 55, 2, b und Anm. 2.

b) Kurzsilbige

§ 56. Die kurzsilbigen Feminina sind ganz in die ô-De-
klination übergetreten. Paradigma der Maskulina: *hyʒe* Sinn, der
Neutra: *spere* Speer.

	Mask.	Neutr.	alts.
Sg. NA.	hyʒe	spëre	hugi
G.	hyʒes	spëres	huges, (-ies)
DI.	hyʒe	spëre	hugi, (-ie, -ea)
Pl. NA.	hyʒe, -as	spëru	hugi, (-ios)
G.	hyʒa	spëra	hugio, -eo
D.	hyʒum	spërum	hugiun, -ion, -eon

Weitere Beispiele: a) Mask. *wine* Freund (alts. *wini*), *sele* Saal
(vgl. § 67 Anm. 3), *stede* Ort, *hete* Haß, *sleʒe* Schlag, *cyme* Ankunft,
scyte Schuß; Abstrakta auf -*scipe* (*frēondscipe* Freundschaft usw.),
Völkernamen wie *Dene* Dänen, und (ohne Umlaut) die auf -*ware*
(*Rōmware, Cantware* usw.); — Neutra (nur sehr wenige), z. B. *sife*
Sieb, *ʒedyre* Türpfosten.

Anm. 1. Statt des -*e* im N. A. D. Sg., N. A. Pl. zeigen die ältesten Quellen
noch die Endung -*i*. — Im N. A. Pl. ist die Endung der *a*-Dekl. -*as* schon häufiger
als -*e*.

Anm. 2. Von *wine, Dene* lautet der G. Pl. auch *winiʒ(e)a, Deniʒ(e)a*
(neben *wina, Dena*).

4. Die *u*-Deklination

§ 57. Die *u*-Deklination enthält im Ae. nur noch Maskulina
und Feminina. Dieselben scheiden sich (nach § 20 Anm. 1) in
langsilbige und kurzsilbige. Die Anzahl der zugehörigen Wörter
ist nicht groß; viele früher hierhergehörige sind schon ganz in die
a- (bzw. ô-) Dekl. übergetreten. Paradigmen der Maskulina: *sunu*
Sohn, *fēld* Feld, der Feminina: *duru* Tür, *hand, hond* Hand.

	Mask.		Fem.		alts.
Sg. NA.	sunu, o, -a	fēld	duru -u	hand	sunu, -o
G.	suna	fēlda, -es	dura	handa	sunies, -eas
DI.	suna, -u, -o	fēlda, -e	dura, -u	handa	sunu, -o, -ie
Pl. NA.	suna, -u, -o	fēlda, -as	dura, -u	handa	suni
G.	suna	fēlda	dura	handa	suno
D.	sunum	fēldum	durum	handum	sunun

Weitere Beispiele: a) Mask. *wudu* Holz, *medu* (dial. *meodu*
§ 10 Anm. 8) Met; ws. kent. *weald*, angl. *wald* Wald, *sumor* Sommer,
winter Winter, *hād* (got. *haidus*) Person, *hearʒ* Hain; — b) Fem.:
nur noch *nosu* Nase, *flōr* Flur, *cweorn* Mühle.

Anm. 1. Neben den Formen der *u*-Deklination treten bei den Mask.
überall in später zunehmendem Grade die Formen der *a*-Deklination auf. Be-
sonders häufig ist dies bei den langsilbigen (G. Sg. *fēldes*, N. A. Pl. *fēldas*), aber
auch *sunas, wudas* usw. sind später nicht selten.

Anm. 2. Die Feminina bilden vielfach ihre Kasus auch nach der *ō*-Dekl.,
z. B. G. D. Sg. *dure, nose*. Von *duru* heißt der D. Sg. selten *dyru* und *dyre*; zu
hand, hond auch G. D. Sg. *hond*.

Anm. 3. Erstarrter Rest des Neutrums ist nur ws. *fela* viel, angl.
feolu; — *feoh* Vieh (got. *faihu*) folgt der *a*-Dekl. (Gen. *fēos* § 43, b usw.).

B. Konsonantische Deklination

a) *n*- (schwache) Deklination

§ 58. Die schwache Deklination enthält im Ae. sehr viele
Maskulina, nicht viele Feminina und nur zwei Neutra. Die
Deklination der drei Geschlechter ist bis auf den N. Sg. (A. Sg. Neutr.)
zusammengefallen (Mask. -*a*, Fem. Neutr. -*e*, was aus Unterschieden
im idg. Akzent erklärt wird).

§ 59. Maskulina. Paradigmen: *ʒuma* Mann, mit Kontraktion
(§ 8) *lēo* Löwe.

			alts.
Sg. N.	ʒuma	lēo	gumo. (-a)
GDA.	ʒuman	lēon	gumon, -an
Pl. NA.	ʒuman	lēon	gumon, (-un)
G.	ʒumena	lēona	gumono
D.	ʒumum	lēom	gumon, (-un)

Wie *ʒuma* gehen sehr viele, z. B. *hana, hona,* Hahn, *mōna* Mond,
nefa Neffe, *tēona* Schade, und nomina agentis wie *bana, bona* Mörder,
wiʒa Kämpfer. — Wie *lēo* gehen eine Anzahl kontrahierter, z. B. *frēa*
Herr, *ʒefēa* Freude, *rā* Rah.

Anm. 1. Neben -*an* begegnet in einigen Texten auch die Endung -*on*.
Im G. Pl. steht im Ws. selten, im Nordh. häufig -*ana*, -*ona* statt oder neben -*ena*.
Daneben steht, namentlich in den poet. Texten bei langsilbigen Wörtern gewöhn-
lich, ein synkopiertes -*na*, wie *wilna, brōʒna* zu *willa* Wille, *brōʒa* Schreck; im
Wests. ist dies -*na* im allgemeinen auf die langsilbigen Völkernamen beschränkt,
wie *Seaxna, Francna,* aber *ʒotena*.

Im Nordh. fehlen durchgehends die auslautenden *n* und die Vokale der Endsilben schwanken vielfach.

Anm. 2. *oxa* Ochse hat im N. A. Pl. *oexen* (§ 11), *exen* neben *oxan*; G. *oxna*, D. *oxum* und daneben *oxnum*; ein D. Pl. auf *-num* findet sich später auch bei *nēfa*, *lēo* (*nēfenum*, *lēonum*). Das pl. tantum *hīwan*, *hīȝan* (Familie) hat im Gl. Pl. *hīwna*, *hīȝna* und *hīna*.

§ 60. 1. **Feminina.** Nur alte *-ôn*-Stämme; die *în*-Stämme sind ae. in die *ô*-Deklination übergetreten, s. § 51. Beispiele: *tunȝe* (as. *tunga*) Zunge, *eorðe* Erde, *heorte* Herz, *mēowle* Jungfrau; kurzsilbige: *ceole* (mit Velarumlaut § 10 Anm. 8, nach dem obl. Kasus) Kehle, *cwēne* (got. *qinô*) Frau; kontrahierte *bēo* Biene, *slā* Schlehe, *tā* Zehe. — Die Flexion ist ganz die der Maskulina (also G. Sg. *tunȝan*, *bēon* usw.): dem Fem. eigen ist nur der N. Sg. auf *-e* (bei den unkontrahierten).

Anm. 1. Die meisten kurzsilbigen nehmen im N. Sg. statt *-e* die Endung *-u* an (nach *ȝifu* § 50), z. B. *þrotu* Kehle (G. Sg. *þrotan* usw.), *cinu* Spalte, *hracu* Rachen.

Anm. 2. Das pl. tantum *ēastron*, *-un* Ostern, hat nur selten die regelmäßige Endung *-an*, daneben N. A. *ēastru*, *-o* mit der Endung des starken Neutrums. Der G. ist *ēastrena*, *-ana*, *ēastran* und stark *ēastra*; ein N. Sg. *ēastre* findet sich bisweilen.

2. Die zwei **Neutra** *ēaȝe* Auge (alts. *ôga*) und *ēare* Ohr (alts. *ôra*) gehen, vom N. A. Sg. auf *-e* abgesehen, ganz wie *ȝuma*, also G. Sg. *ēaȝan*; G. Pl. *ēaȝena* und *ēaȝna* (vgl. § 59 Anm. 1) usw.

Anm. 3. *wanȝe*, *wonȝe* (Wange) zeigt noch vielfach Flexion des schw. Neutrums, daneben aber starke Formen durch Vermischung mit den st. N. *wenȝe* und *þunwenȝe* (Schläfe), welche ihrerseits von *wonȝe* auch schwache Formen annehmen.

Anm. 4. Spätws. zeigen *ēaȝe*, *ēare* auch starke Formen, z. B. G. Sg. *ēaȝes*, *ēares*.

b) Kleinere (konsonantische) Deklinationsklassen

Für diese Bildungsart ist bezeichnend, daß sie im G. D. I. Sg. und im N. A. Pl. ursprünglich *i*-Umlaut des Stammvokals hatte (durch die urgerm. Endung *-i*, *-iz*, welche nach § 20 Anm. 1 abgefallen oder nach kurzer Stammsilbe als *-e* erhalten ist), doch sind diese Formen bes. im G. Sg. oft durch analoge, umlautslose ersetzt.

1. Vereinzelte konsonantische (Wurzel-)Stämme

§ 61. Paradigma der Maskulina: *fōt* Fuß, der kurzsilbigen Feminina: *hnutu* Nuß, der langsilbigen fem.: *bōc* Buch (alts. *mann* m., *naht* f.).

		Mask.	Fem.		alts.	
Sg.	NA.	fōt	hnutu	bōc	man(n)	naht
	G.	fōtes	hnute	bēc; bōce	mannes	nahtes
	D.	fēt	hnyte	bēc	man, manne	naht
	I.	fōte, fēt	—	—		
Pl.	NA.	fēt	hnyte	bēc	ma(n)	naht
	G.	fōta	hnuta	bōca	manno	nahto
	D.	fōtum	hnutum	bōcum	mannun	nahtun

§ 62. **Maskulina.** Wie *fōt* gehen *tōð* Zahn und *man*(n) *mon*(n), Pl. *tēð, men* (*menn*).

Anm. 1. Wie *man, mon* geht *wīfmon* (später *wimman*) Weib, das auch als Fem. gebraucht wird. — Neben *man, mon* steht auch ein sw. Mask. *manna, monna*.

Anm. 2. Zu *fōð, tōð* bisweilen dial. N.A.Pl. *fōtas, tōðas.*

Anm. 3. Zu *ōs* (Gott) ist nur ein G.Pl. *ēsa* belegt (mit *i*-Umlaut, wohl nach dem nicht belegten N.Pl.).

§ 63. **Feminina.** Wie *hnutu* gehen noch *studu, stuðu* Säule, und *hnitu* Niß. — Wie *bōc* gehen: *āc* Eiche, *ʒāt* Geiß, *brōc* Hose, *ʒōs* Gans, *burʒ* Burg, *furh* Furche, *sulh* Pflug, *turf* Rasen, *ʒrūt* Grütze, *lūs* Laus, *mūs* Maus, *þrūh* Kiste, Sarg, *cū* Kuh, *ēa* Wasser, *neaht, niht*, nordh. *næht*, Nacht.

Anm. 1. Im einzelnen zeigen die langsilbigen Abweichungen vom Paradigma *bōc*. Von manchen kommen nur die analogen Formen des G.Sg. vor (so *āce, ʒōse, ʒāte, mūse*); der D.Sg. erscheint bisweilen später ohne Umlaut (*āc, bōc* usw.). Vielfach finden sich Übergänge in die ō-Dekl. (nach *ār* § 50); z.B. N.A.Pl. *burʒe, -a,* D.Sg. *burʒe.*

Anm. 2. Von *burʒ* (*buruʒ*) haben die umgelauteten Formen (G.D.Sg., N.A.Pl.) meist Sekundärvokal: *byriʒ.* — Bei denen auf *h* ist § 43, b zu beachten, also zu *furh* G.Sg. *fyrh* und *füre,* D.Pl. *fūrum.*

Anm. 3. Ws. hat *neaht, niht* meist die umgelautete, dem G.D.Sg. und N.A.Pl. zukommende Form *niht* (selten *nieht*) auf den ganzen Sg. und Pl. ausgedehnt (G.Pl. *nihta,* D.Pl. *nihtum*), doch kommt als G.D.Sg. neben *niht* auch *nihte* (nach der ō-Dekl.) und ein meist nur adverbiell gebrauchter G.Sg. *nihtes* (nach *dæʒes*) vor. Angl. *næht* (nach § 9, 2, c wegen Ebnung) hat als Umlautsform *neht,* doch steht als G.S. stets *næhtes* und als D.Sg. neben *næht* auch *næhte* und *nehte* (merc. Rushw.[1] D.Sg. und N.A.Pl. auch *niht*).

Anm. 4. Einen endungslosen D. Sg. bildet auch *mioluc* Milch: *mioluc, meol(o)c* neben *meol(u)ce*.

§ 64. Als **Neutrum** gehört hierher *scrūd* Gewand, D. Sg. *scrȳd*, spät. *scrūd(e)*, N. A. Pl. *scrūd*, G. *scrūda*.

2. Verwandtschaftsnamen (r-Stämme)

§ 65. Die Verwandtschaftsnamen *fæder* Vater, *brōðor* Bruder, *mōdor* Mutter, *dohtor* Tochter, *sweoster swostor swustor* (§ 10 Anm. 11) Schwester (nebst den pl. tantum *ʒebrōðor* Gebrüder, *ʒesweostor* Geschwister) flektieren folgendermaßen:

		Mask.		Fem.	
Sg. NA.	fæder	brōðor	mōdor	dohtor	sweostor
G.	fæder, -eres	brōðor	mōdor	dohtor	sweostor
D.	fæder	brēðer	mēder	dehter	sweoster
Pl. NA.	fæderas	brōðor, -ðru	mōdra, (-u)	dohtor, -tru, -tra	sweostor
G.	fædera	brōðra	mōdra	dohtra	sweostra¦
D.	fæderum	brōðrum	mōdrum	dohtrum	sweostrum

Anm. 1. Statt *-or* findet sich nicht selten *-er*, selten dial. *-ar*; umgekehrt nordh. *fador*. — In den dreisilbigen Formen von *fæder* wird altws. das e synkopiert (*fædres* usw.).

Anm. 2. Spätws. begegnen auch umgelautete G. Sg. *mēder, dehter*; umgekehrt unumgelautete Dative, wie *brōðer, dohter*, angl. D. Sg. *feder*.

3. Stämme auf -nd (Partizipialstämme)

§ 66. Hierher gehören nur die **substantivierten Partizipia Präsentis** (die eigentlichen Partizipia gehen nach der adjektivischen *ja*-Deklination, s. § 71). Paradigmen: alts. u. nordh. *frīond*, merc. ws. *frēond* Freund, *hettend* Hasser, Feind (alts. *lêriand* Lehrer).

					alts.
Sg. NA.	frēond	hettend	friund	lêriand
G.	frēondes	hettendes	friundes	lêriandes
D.	frȳnd, frēonde	hettende	friund	lêriande
I.	frēonde	hettende	—	—
Pl. NA.	frȳnd, frēond	hettend, -de, -das	friund	lêriand
G.	frēonda	hettendra	friundo	lêriandero
D.	frēondum	hettendum	friundun	lêriandun

Anm. 1. *frȳnd*, altws. *friend* sind die ws. Formen nach § 19.

Anm. 2. Wie *frēond* geht noch *fēond* (Feind), *ʒōd-dōnd* (Pl. *ʒōd-dēnd*) Wohltäter. Im N. A. Pl. finden sich in der Poesie (u. angl.) auch N. A. Pl. *frēondas, fēondas*.

Anm. 3. Wie *hettend* gehen die zweisilbigen (z. B. *w(e)aldend* Herrscher, *dēmend* Richter). In jungen Texten dringt öfter das aus der adjektivischen Deklination stammende *r* des G.Pl. in den ganzen Plural (N.A.Pl. *w(e)alden-dras* usw.).

4. Neutrale -os, -es-Stämme

§ 67. Von den ursprünglich (entsprechend der lat. Bildung auf *-us, -eris*) hierher gehörigen Wörtern sind ae. die meisten in andere Deklinationsklassen übergetreten (so unter Aufgabe des *-r*-Suffixes in die *i*-Dekl. s. § 55, 2, a, andere mit Übernahme des Suffixes *-er, -or* in den Nom. Sg. in die *a*-Dekl. wie *hrīðer, hrȳðer* Rind u. a.). Erheblichere Reste der alten *s*-Flexion sind fast nur im Angl. (und in der Poesie) erhalten, und auch da nur bei wenigen Wörtern, wie *lomb* Lamm, *cealf* Kalb, *æʒ* Ei, *hrēð* (poet.) Ruhm, *dǣʒ* (nordh.) Tag, *hæl* Heil. Als urspr. Paradigma läßt sich noch erschließen:

Sg.	NA.	lemb	Pl.	NA.	lombur, (-or); -eru (-ero)
	G.	lombur, (-or)		G.	lombra
	DI.	lombur, (-or)		D.	lombrum

Meist sind aber Umbildungen nach dem Muster der regelmäßigen *a*-Deklination (§ 46) eingetreten.

Anm. 1. Im Angl. (und in der Poesie) sind die *r*-Formen im Pl. noch regelrecht erhalten. Dagegen erscheint im Sg. neben den umgelauteten Nominativen *lemb, cælf, hrēð, dǣʒ, hæl* schon umlautloses *lomb*, neben G. *calfur* auch *dōʒores* und *lombes, cælfes,* neben D.I. *lomber, hrōðor,* (-er), *dōʒor, hālor* auch *dōʒ(o)re, hrōðre* und nordh. *dōeʒe.*

Anm. 2. Im Ws. flektiert *æʒ* Ei, noch G. *æʒes,* D.I. *æʒe,* Pl. N.A. *æʒru* usw. — *lamb* und *cealf* (stets so, ohne Umlaut) gehen im Sg. ganz wie *dōm* (§ 45); im Pl. haben sie nur ausnahmsweise noch N.A. *lambru, cealfru,* gewöhnlich aber N.A. *lamb,* G. *lemba,* D. *lambum,* und (mit Übertritt zum Mask.) N.A. *cealfas* usw.

Umgekehrt bildet *cild,* das sonst regelmäßig nach der *a*-Dekl. geht, im Ws. neben dem gewöhnlichen Pl. *cild* (Gen. *cilda* usw.) auch den *r*-Plural *cildru* (G. *cildra* usw.).

Anm. 3. Das einzige **kurzsilbige** Wort, das hierher gehört, ist *sele* Saal, mit dem (poet.) D.Sg. *salore.* Gewöhnlich flektiert aber *sele* als m. nach der *i*-Dekl. (§ 56; daneben n. *sæl,* N.Pl. *salu* § 46, b).

5. Stämme auf -þ

§ 68. Reste einer eigenen Deklination der ursprünglich hierher gehörigen Wörter haben sich erhalten von dem Mask. *hæleþ* (ahd. *helid*) Held, *mōnaþ* (got. *mênôþs*) Monat, dem Fem. *mæʒeþ, mæʒþ* (got. *magaþs*) Magd und dem Neutr. *ealu* Bier.

hæleþ und *mōnaþ* haben zwar normale Formen nach der *a*-Dekl. (§ 45), aber neben *hæleþas* und *mōn(e)þas* auch endungslose N.A.Pl. *hæleþ* und *mōnaþ*.

mæʒeþ, *mæʒþ* hat den ganzen Sing. und N.A.Pl. endungslos; *ealu* flektiert G.D.Sg. *ealoð*, *ealað* (auch *aloð* ohne Velarumlaut) und G.Pl. *ealeða*. Andere Formen sind nicht belegt.

Anm. Die Nom.Sg. *hæleþ*, *mōnaþ*, *mæʒ(e)þ* haben das *þ* analog nach den flektierten Formen angenommen. Der den Auslautgesetzen entsprechende N.Sg. *hæle* flektiert nach der *i*-Dekl.

Kap. II. Deklination der Adjektiva

A. Starkes Adjektivum

§ 69. Die starke Adjektivdeklination schließt sich an die *a-/ô*-Deklination an; auch hier unterscheiden wir reine *a-/ô*-Stämme und solche, die *j* oder *w* vor dem Stammauslaut haben, also *ja-/jô*-Stämme und *wa-/wô*-Stämme. Von früher vorhandenen starken Adjektiven der *i*- und *u*-Deklination sind im Ae. nur noch dürftige Spuren vorhanden.

Die von den Subst. abweichenden Kasusendungen stammen aus der Flexion der Pronomina.

Anm. 1. Die früheren Adjektive der *i*-Deklination flektieren wie die langsilbigen *ja-/jô*-Stämme (§ 71), z. B. *ʒemǣne*, *blīðe* = got. *gamains*, *bleiþs*. Die ursprüngliche Zugehörigkeit zur *i*-Deklination ist nur bei ein paar kurzsilbigen zu erkennen, die keinen geminierten Konsonanten haben: *bryce* zerbrechlich, *swice* trügerisch, *freme* tüchtig, *ʒemyne* eingedenk.

Anm. 2. Die Adjektiva der *u*-Deklination sind ae. in die *a*- oder *ja*-Dekl. übergetreten, z. B. *heard*, *eʒle* (beschwerlich) = got. *hardus*, *aglus*. — Nur zwei kurzsilbige *u*-Stämme sind im Ae. noch erkennbar; 1) *wlacu* (lau) im N.Sg. neben *wlæc*; von letzterem werden alle flektierten Formen gebildet; 2) *cwucu*, *cucu* (lebendig, aus *cwiocu nach § 10 Anm. 11, bzw. § 27 Anm. 3. Angl. *cwicu*, *cwic*, auch oft in nicht strengws. Denkmälern). Die Form auf *-u* gilt für den N.Sg. und Pl. aller Geschlechter, sowie für den A.Sg. fem. und A.Sg.Pl. neutr. Die übrigen Formen werden nach der *a*-Dekl. wie von einem N. *c(w)uc* gebildet; nur im A.Sg. mask. steht neben *cucne* häufiger *cucune*, *-one*. *cwicu* oder *cwic* geht ganz nach der *a*-Dekl.

§ 70. Reine *a-/ô*-Stämme. Paradigma: a) für die langsilbigen: *ʒôd* gut, — b) für die kurzsilbigen: *hwæt* scharf (vgl.

§ 9 Anm. 5), — c) für die **mehrsilbigen**: *hāliȝ* heilig (vgl. § 21). — Für das Neutr. gelten außer dem N. A. die Formen des Mask.

	Mask.			alts.
Sg. N.	ȝôd	hwæt	hāliȝ	gôd
G.	ȝôdes	hwates	hālȝes	gôdes, -as
D.	ȝôdum	hwatum	hālȝum	gôdum(u), -un; -on
A.	ȝôdne	hwætne	hāliȝne	gôdan(a), hêlagna
I.	ȝôde	hwate	hālȝe	gôdu, (-o)
Pl. NA.	ȝôde	hwate	hālȝe	gôda, -e
G.	ȝôdra	hwætra	hāliȝra	gôdaro, -oro, -ero
D.	ȝôdum	hwatum	hālȝum	gôdun, -on

	Neutr.			
Sg. NA.	ȝôd	hwæt	hāliȝ	gôd
Pl. NA.	ȝôd	hwatu, -o	hāl(i)ȝu, -o / hāliȝ	gôd, (gôda); (managu)

	Fem.			
Sg. N.	ȝôd	hwatu, -o	hāliȝu, -o; / hālȝu, -o; / hāliȝ	gôd
G.	ȝôdre	hwǽtre	hāliȝre	gôdaro, -ara
D.	ȝôdre	hwǽtre	hāliȝre	gôdaro, -aru
A.	ȝôde	hwate	hālȝe	gôda
Pl. NA.	ȝôda, -e	hwata, -e	hālȝa, -e	gôda
G.	ȝôdra	hwætra	hāliȝra	gôdaro, -oro, -ero
D.	ȝôdum	hwatum	hālȝum	gôdun, -on

a) Wie *ȝôd* gehen die meisten ae. Adjektiva, z. B. *eald* (angl. *ald*, § 9, 2, c) alt, *hāl* heil, *rôf* tüchtig; *þweorh* quer, G. *þweores* (§ 43, b); *wôh* böse, G. *wôs*, D. *wô(u)m*, A. *wône* usw., desgl. *hēah* (angl. u. spätws. *hēh*, § 18 Anm. 2) hoch, G. *hēas* (§ 43, b); *ȝrimm* und *ȝrim*, G. *ȝrimmes*, *ȝrimre* (§ 26 Anm. 2). — b) Nach *hwæt* gehen die nicht zahlreichen kurzsilbigen, wie *til* tüchtig, *sum* irgendein, *ȝlæd* froh (§ 9 Anm. 5), *blæc* schwarz (§ 9 Anm. 5), Kompos. auf *-sum* (*-sam*) und *-lic* (*-lich*). — c) Nach *hāliȝ* gehen die Ableitungen auf *-iȝ* (*ēadiȝ* glücklich, *maniȝ moniȝ* manch usw.), auf *-el, -ol* (z. B. *micel, lȳtel, sweotol* deutlich), auf *-er, -or* (z. B. *fæȝer, snotor*), auf *-en* (z. B. *ȝylden* golden, *īren* eisern); ferner die **Partizipia Präteriti** (z. B. *ȝeholpen, ȝenered*).

Anm. 1. Das *-um* des D. Sg. m. n. und des D. Pl. geht später in *-un, -on, -an* über (vgl. § 45 Anm. 1). — Der N. A. Pl. neutr. wird spätws. gewöhnlich durch die Form der Mask. (*ʒŏde, hwate, hālʒe*) ersetzt, bisweilen zeigen aber spätws. auch die langsilbigen die Endung -*u* (*ʒŏdu*). — In den -*r* Kasus zeigen die einsilbigen spätws. öfter Mittelvokal (*ʒŏdera, sumera* usw.).

Anm. 2. *hēah* zeigt gegen die Regel Formen mit assimiliertem *h*, so A. Sg. m. *hēanne*, G. D. Sg. fem. *hēarre*, G. Pl. *hēarra* (daneben seltener *hēane, hēare, hēara* und ganz selten *hēahne, hēahre, hēahra*), dagegen G. Sg. m. *hēas*, D. Pl. *hēam* und *hēaum*. — Bei *hēah* und ähnlichen Adj. erscheinen später oft Formen mit innerem *ʒ* (*hēaʒes, wōʒes, wōʒum* usw.).

Anm. 3. Bei den mehrsilbigen findet hinsichtlich der Synkope des Mittelvokals vielfach Schwanken statt. Die Part. Prät. auf -*en* haben nur selten Synkope, also meist *ʒeholpene* usw. — Bei kurzsilbigen wird nach § 21, b alter Mittelvokal der Regel nach nicht synkopiert, also *sweotoles, ʒenerede*. — Nach § 26 Anm. 2 wird später statt Akk. Sg. *ʒyldenne*, G. Pl. *fæʒerra* usw. oft *ʒyldene, fæʒera* geschrieben.

Anm. 4. Die zu den Adj. gehörigen Adverbia haben ae. meistens die Endung -*e*, z. B. *sŏd* — *sŏde* wahr, *nearo* — *nearwe* (§ 72) enge usw. Nur wenige Adv. haben (entsprechend got. -*ŏ*, ahd. -*o*) die Endung -*a*, oft solche ohne daneben stehendes Adj., z. B. *fela* viel, *sŏna* bald, *sinʒala* immer u. a. Andere Adv. sind adverbiell gebrauchte Kasus von Subst. oder Adj., z. B. Gen. wie *micles* sehr, *nihtes* nachts, oder Akk. wie *lȳtel* wenig, *ʒenŏh* genug.

§ 71. Die *ja-/jô*- Stämme. Die nicht zahlreichen **kurzsilbigen**

wie *mid* medius (alts. *middi*), *nyt* nützlich, *ʒesib* verwandt, flektieren wie die langsilbigen *a*-Stämme auf Doppelkonsonanten (vgl. *ʒrim* § 70, a), also *mid*, G. *middes, midre*.

Die **langsilbigen** unterscheiden sich von den langsilbigen reinen *a*-Stämmen nur dadurch, daß sie im N. Sg. mask. und N. A. Sg. ntr. auf -*e* ausgehen (vgl. § 47), z. B. *ʒrēne* grün (alts. *grŏni*), ferner haben sie im N. Sg. fem. (also anders als die subst. -*jô*-Stämme, § 52, vgl. got. *midja* gegenüber *bandi*) und N. A. Pl. ntr. die Endung -*u*, -*o* (vgl. § 47), also *ʒrēnu, -o*. Die übrigen Kasus werden gebildet wie von *ʒŏd*, also G. Sg. *ʒrēnes, ʒrēnre* (alts. *grŏnies, grŏniero*), A. Sg. Mask. *ʒrēnne* (alts. *grŏnian*), A. Sg. f. *ʒrēne* (alts. *grŏnia*). — Weitere Beispiele: *blīde* freundlich, *swēte* süß, *cēne* kühn, *yrre* erzürnt, *sēfte* sanft, *nīwe* neu; mehrsilbige auf -*ihte* (z. B. *stānihte* steinicht), auf -*bǣre* (z. B. *wæstmbǣre* fruchtbar). Ferner gehören hierher alle eigentlichen **Participia präsentis**, z. B. *ʒifende* gebend, *lōciende* schauend (vgl. § 66).

Anm. 1. Das ursprünglich hierhergehörige kurzsilbige *frīo, frēo* frei (St. **frija-*) hat gewöhnlich die kontrahierte Form des N. Sg. auch in den übrigen

Kasus, z. B. G. D. Sg. fem. *frēore*, A. Sg. mask. *frēone*, N. A. Pl. *frēo*; doch kommen auch Formen mit ȝ (*j*) vor, z. B. G. *friȝes*, D. *friȝum*, N. A. Pl. *friȝe*.

Anm. 2. Wörter wie *syfre* sauber, *fæcne* sündig, die *r* oder *n* mit vorhergehenden Konsonanten haben, schieben vor dem *r*, *n* einen Vokal ein, wenn ein ungleicher Konsonant folgt: *syferne*, *fæcenra*, dagegen A. Sg. *fæcne* (< **fæcnne*), G. Pl. *syfra* (< **syfrra*). — Wörter auf *-nne*, wie *þynne* dünn, nehmen im A. Sg. kein weiteres *n* an: *þynne* (statt **þynn-ne*).

Anm. 3. Zu *sēfte*, *swēte* heißt das Adv. *sōfte*, *swōte*. Dagegen haben die übrigen Adv. den Umlaut und sind also den Adjektiven gleich, z. B. Adj. und Adv. *dyrne* verborgen (aber alts. Adj. *derni*, Adv. *darno*).

Anm. 4. Als Prädikatsnomen und als prädikative Ergänzung ist das Part. Präs. meist endungslos, d. h. es steht in der Form des N. Sg., z. B. *Ic hine cūðe cniht wesende* Beowulf 372.

§ 72. Die *wa-/wô*-Stämme.

§ 72. Die *wa-/wô*-Stämme. Wörter mit Vokal oder Diphthong vor dem *w* behalten dieses in allen Formen, weichen also von der Flexion der reinen *a-/ô*-Stämme nicht ab; z. B. *slāw* träge, *ȝlēaw* klug, *rēow* wild, *rōw* sanft.

Dagegen vokalisieren die Wörter mit Konsonant vor dem *w* dieses im Auslaut zu *-u*, *-o* (*-a*), vor konsonantischer Endung zu *-o*; z. B. *ȝearu* bereit, *nearu* eng, *ȝeolu* gelb, *basu* braun. Die Flexion ist also:

		fem.			
Sg. N.	ȝearu, -o	ȝearu, -o	Pl. N. A.	m, ȝearwe n. ȝearu f. ȝearwa, -e	
G.	ȝearwes	ȝearore	G.	ȝearora	
D.	ȝearwum	ȝearore	D.	ȝearwum	
A.	m. ȝearone n. ȝearu	ȝearwe			
I.	ȝearwe				

Anm. 1. Das pl. tantum *fēawe* (wenige) hat neben sich die kontrahierte Form *fēa*, D. *fēawum* und *fēam* (*fēaum*). — Auch in *wēa* (leidvoll) ist vielleicht ein *w* durch Kontraktion geschwunden.

Anm. 2. *ea* in *ȝearu*, *nearu* usw. stammt aus den Kasus mit *rw* durch Brechung, vgl. § 48 Anm. 1. *ȝeolu*, G. *ȝeolwes* ist wohl wie *ceole*, § 10 Anm. 8, zu erklären. — Zwischen Konsonant und *w* steht oft ein sekundärer Mittelvokal (§ 48 Anm. 1; § 53 Anm. 2), z. B. *ȝearuwe*, *ȝearowe*, *ȝearewum*. Später wird öfter die Form *ȝearuw* als Nominativ gebraucht, und danach auch *ȝearu(w)ra* usw.

B. Schwaches Adjektivum

§ 73. Das schwache Adjektiv ist eine Weiterbildung mit einem *n*-Element; deshalb stimmt seine Flexion mit der Flexion der substantivischen *n*-Stämme (§ 58—60) überein, also N. Sg. mask.

ʒōda, neutr. fem. ʒōde, G. Sg. ʒōdan usw. (wie ʒuma § 59). Nur
wird der G. Pl. gewöhnlich durch die Form des starken Adj. ersetzt,
also ʒōdra (seltener ʒōdena).

Das schw. Adj. wird ae. attributiv vor Subst. und auch selb-
ständig nach Pronómen (best. Artikel) gebraucht. In der Poesie
kommen schw. Adj. vor Subst. auch ohne vorhergehendes Pronomen
(best. Artikel) vor.

Anm. 1. Im D. Pl. tritt hier die Endung -an (ʒōdan statt ʒōdum) früher
und öfter ein, als beim Subst. (§ 45 Anm.) und st. Adj. (§ 70 Anm. 1). — Auch
in den G. Pl. und N. Sg. dringt später vereinzelt die allgemeine Endung der
schw. Dekl. -an ein.

Anm. 2. In einigen Wörtern finden sich Kontraktionen, so von wōh, hēah
(§ 70, a) N. Sg. wō, hēa, G. wōn, hēan usw.

Anhang. Steigerung

§ 74. 1. Komparativ und Superlativ werden im Ae. regel-
mäßig gebildet auf -ra, -ost (-ust, -ast) entsprechend dem got. -ōza,
-ōsts, also ohne Umlaut; z. B. earm, earma, earmost; fæʒer, fæʒerra,
fæʒerost; ʒearo, ʒearora, ʒearwost; hwæt, hwætra, hwatost (§ 9, 2, a. b).

Anm. 1. Nur wenige Adjektiva bilden die Steigerung auf -ra, -est mit
i-Umlaut in der Stammsilbe, also dem got. -iza, -ists entsprechend. So ws. eald,
ieldra, yldra, ieldest, yldest, angl. ald, ældra, ældest, kent. und nicht strengws.
eldra, eldest (§ 9, 2, c und Anm. 9); ʒeonʒ (iunʒ, § 11 Anm. 3), ʒinʒra, ʒinʒest;
sc(e)ort kurz, scyrtra, scyrtest; lanʒ, lonʒ, lenʒra, lenʒest; stranʒ, stronʒ, strenʒra,
strenʒest, und noch einige seltene Einzelfälle.

Anm. 2. i-Umlaut verbunden mit Synkope im Sup. hat hēah, angl. und
spätws. hēh (vgl. § 18 Anm. 2 und § 70 Anm. 2), ws. hī(e)rra, hȳrra, hȳhra,
hī(e)hst, hȳhst, außerws. hērra, hēhst, hēst (mit h-Ausfall nach § 43, b mit späterer
Synkope), ws. später auch hīʒest, neben unumgelautetem hēahra, hēahest,
hēast. Ebenso der zu dem Adv. nēah, (nēh nach § 18 Anm. 2) gehörige Sup. ws.
nī(e)hst, nȳhst, außerws. nēhst, nēxt. Erst später findet sich .in anderen um-
gelauteten Superlativen Synkope (ʒinʒst, yltst usw.).

Anm. 3. Als Adverbia des Komparativs und Superlativs gelten endungs-
lose Formen auf -or, -ost, z. B. stronʒor, stronʒost; earmor, earmost.

2. Die Flexion des Komparativs und Superlativs ist die der
schwachen Adjektiva. Im Superl. ist stark allein die Form des
N. Sg. (A. Sg. neutr.), neben welcher aber auch die schwache Form
üblich ist, also N. Sg. yldest und m. yldesta, f. n. yldeste; earmost und

earmosta, -e. Das *o* des Superl. wird bei Antritt von Endungen sehr
häufig zu *e*, also *earmesta* neben *earmosta*.

Anm. 4. Nur selten kommen im Superlativ starke Formen außer dem
N. Sg. vor.

§ 75. Vergleichsformen von verschiedenen Stämmen haben: *ʒōd*
gut, *bet(e)ra, bettra* (Adv. *bet*), *bet(e)st,* flekt. *betsta;* zu *ʒōd* auch *sella, selra*
(alt und angl. *sǣlra;* Adv. *sēl*), *sēlest;* — *yfel* böse, *wyrsa* (Adv.
wyrs), *wyrrest(a), wyrsta;* — *micel* groß, *māra* (Adv. *mā,* dial. auch
mǣ), *mǣst* (nordh. *māst*); — *lȳtel* klein, *lǣssa* (Adv. *lǣs*), *lǣst*
(*lǣsest*).

Zu Adverbien gehören: ws. *fyrra, fyrrest* (*feor* fern); *nēarra,*
ws. *nī(e)hst nȳhst,* außerws. *nēhst, nēxt* (*nēah, nēh* nahe; *ærra, ærest*
(*ær* früher); *furðra,* [*fyrest?*] (*fore* vor).

Anm. 1. Die meisten der zu Adverbien und Präpositionen gehörigen
adjektivischen Steigerungsgrade zeigen eine abweichende Superlativform mit
einem *m*-Suffix. Einfaches *-ma* steht nur in *forma* der erste, und *hindema* der
hinderste, letzte. Häufiger ist das durch Antritt der gewöhnlichen Endung *-est*
weitergebildete *-mest;* z. B. *ȳtemest, ūtemest* (zu *ūte* außen, Komp. *ȳterra, ūterra*);
ȳmest und *yfemest, ufemest* (zu *ufan* von oben, Komp. *yferra, uferra*); *sūðmest* (zu
sūð südlich, Komp. *sūðerra, sȳðerra*); *fyrmest* neben *forma* [auch *fyrest*] (zu *fore*
vor) usw. — Zu Adjektiven gehören *midmest* (*mid* medius), *lætemest* (*læt* spät).

Anm. 2. Ae. endungslos sind Komparativadverbia auf idg. *-is: ǣr*
früher, *sīð* später, ws. *fyrr* entfernter, *lenʒ* länger, *sēft* sanfter, *ȳð* leichter.

Kap. III. Die Zahlwörter

1. Kardinalzahlen

§ 76. 1. *ān* flektiert als starkes Adj. nach *ʒōd* (§ 70), hat aber
Umlaut im A. Sg. m. *ǣnne* (nordh. usw. verkürzt *enne*) und im Instr.
ǣne; jünger auch *ānne* bzw. *āne.* Die Pluralformen bedeuten 'einzig'
oder 'einzeln' (*ānra ʒehwylc* jeder), die Formen mit schwacher
Flexion 'solus'. — 2. N. A. mask. *twēʒen* (angl. *twœ̄ʒen,* nordh.
twœ̄ʒe usw.), neutr. *tū, twā,* fem. *twā;* G. *twēʒ(e)a, twēʒra;* D. *twǣm,*
twām. — 3. N. A. mask. *þrī, þrīe* (*þrȳ*), neutr. und fem. *þrēo;* G. *þrēora;*
D. *þrim* (*þrīm*).

Anm. Wie *twēʒen* flektiert *bēʒen* (alt und angl. *bōeʒen*) beide, neutr. *bū,*
fem. *bā,* G. *bē(ʒ)ra,* D. *bǣm, bām* (dial. G. *bōeʒa,* D. *bōem* und *bǣm*).

§ 77. Die Zahlen 4—12 (*fēower*; *fīf*; ws. *si(e)x, syx*, angl. *sex*, spätws. auch *seox*; *siofon, -an, seofon, -an*; *eahta*, angl. *æhta* §9,2,c, spät *ehta* § 9, Anm. 11; *nizon*; ws. *tīen, tȳn*, außerws. *tēn*, nordh. auch *tēo, tēa*; *endleofan, -lefan, -lufon, -lyfon*; *twelf*), sowie die mit *-tēne, -tȳne* zusammengesetzten 13—19 (z. B. *þrītēne, fīftȳne* usw.) werden bei attributivem Gebrauch der Regel nach nicht flektiert. — Stehen sie allein, so bilden sie flektierte Formen nach der *i*-Dekl., z. B. *fīfe* (neutr. *fīfu, -e*), G. *fīfa*, D. *fīfum*.

§ 78. Die Zehner von 20—60 (*twēntiz, twentiz*; *þrītiz, þrittiz*; *fēowertiz*; *fīftiz*; *sixtiz*) und die von 70—120 (*hundseofontiz, hundeahtatiz, hundnizontiz, hundtēontiz, hundendleofantiz, hundtwelftiz*) sind Substantiva und werden mit dem Gen. verbunden, doch werden sie bald auch adjektivisch gebraucht. Sie bilden den G. *-tizra, -tiza*, D. *-tizum*, daneben aber auch G. auf *-es* (*fīftizes*). Später werden sie indeklinabel.

§ 79. 100 wird neben *hundtēontiz* auch durch die einfachen Neutr. *hund* (*ān hund*) und *hundred* bezeichnet. Die Zahlen 200 bis 900 werden meist mit *hund* gebildet (*tū hund, þrẹo hund* usw.). Auch diese Zahlen sind Substantiva, doch werden sie auch adjektivisch gebraucht. Sie sind meist indeklinabel, besonders später; doch kommen auch flektierte Kasus vor (D. Sg. *hunde*, D. Pl. *hundum*; N. A. Pl. *hundredu* und *hundred*).

§ 80. 1000 ist das subst. Neutr. *þūsend*, G. *þūsendes*, Pl. *þūsendu, -o*, und *þūsend*. Auch dieses wird später oft adjektivisch und indeklinabel gebraucht.

2. Ordinalzahlen

§ 81. 1. *forma*; auch *formest, fyrmest, fyrest* und *ǣrest* (alles schwach flektierende Superlative, vgl. § 74, 2). — 2. *ōðer* (st. Adj.) und *æfterra* (Kompar.).

Die übrigen Ordinalia werden von den Stämmen der Kardinalzahlen gebildet und durchaus als schwache Adj. flektiert; z. B. *þridda* (alts. *thriddio*), *fīfta, eahtoða, nizoða, þrītēoða* (*-teozoða*), *twentizoða* usw.

Kap. IV. Deklination der Pronomina

§ 82. Ungeschlechtige Pronomina der 1. und 2. Person (nichtsächsische Formen in Klammern).

	I. Person				II. Person		
Sg.	ae.	alts.	got.		ae.	alts.	got.
N.	ic	ik	ik	þŭ		thu	þu
G.	mīn	mîn	meina	þīn		thîn	þeina
D.	mĕ	mî	mis	þĕ		thî	þus
A.	(mec), mĕ	mî (mik)	mik	(þec), þĕ		thî (thik)	þuk
Dual.							
N.	wit	wit	wit	ʒit		git	—
G.	uncer	unkaro	ugkara	incer		—	igqara
D.	unc	unk	ugkis	inc		ink	igqis
A.	(uncit?), unc	unk	ugkis	(incit), inc		ink	igqis
Plur.							
N.	wĕ	wî (wê)	weis	ʒĕ, ʒīe		gî (gê)	jus
G.	ūre, ūser	ûser	unsara	īower, ēower		iuwar	izwara
D.	ūs	ûs	uns(is)	īow, ēow		iu, eu	izwis
A.	(ūsic), ūs	ûs	uns(is)	(īowih, ēowic), īow ēow		iu, eu	izwis

Anm. 1. *īower, īow,* sind altws. und nordh. Nordh. steht auch *ih* (für *ic*), *ūsih* und *īuih,* weiter *īuer, īah.*

Anm. 2. Das Reflexivpronomen (got. *seina, sis, sik*) fehlt im Ae. (und Alts.) und wird durch das Pron. der 3. Person (§ 83) ersetzt.

Anm. 3. Aus den Genitiven der Personalpronomina und des (ae. verlorenen) Reflexivpronomens werden adjektivische Possessivpronomina gebildet, welche als starke Adj. flektiert werden: *mīn* mein, *þīn* dein, *sīn* (refl.) sein; *ūre* (und *ūser,* namentlich dial., merc. auch *ūr*) unser, *ēower* (nordh. *īuer*) euer. — Von *ūre* haben die r-Kasus oft ein einfaches *r* (G.Pl. *ūra* usw.); von *ūser* wird bei Synkope *sr* zu *ss* assimiliert, also A.Sg. *ūserne,* aber G. *ūsses.* D. *ūssum* (statt *ūsres, ūsrum*): das *ss* dringt oft auch in die andern Kasus, z. B. N. Sg. *ūsser.*

§ 83. Geschlechtiges Pronomen der 3. Person

	ae.			alts.			got.		
Sg.	m.	n.	f.	m.	n.	f.	m.	n.	f.
N.	hĕ	hit,	hīo, hēo (hīe, hī, hȳ)	hê, hie	it	siu	is	ita	si
G.	his	hire (hiere), hyre			is	iro, -u; -a		is	izôs
D.	him	hire (hiere), hyre		im, imu	iru, -o		imma	ija	
A.	hi(e)ne	hit	hīe hī (hȳ, hēo)	ina	it	sia, sea, sie	ina	ita	ija

	ae.			alts.			got.		
Plur.	*m.*	*n.*	*f.*	*m.*	*n.*	*f.*	*m.*	*n.*	*f.*
NA.	hīe (hīo, hēo, hī, hȳ, hiȝ)			sia, sea, sie; *neutr.* siu			N. eis; A. ins | ija ijôs		
G.	hira (hiera), hyra, hiora, heora			iro			izê izô		
D.	him (heom)			im			im im		

Anm. Die eingeklammerten Formen sind seltener, A. Sg. fem. *hēo* nicht strengws. Spätws. sind auch noch *hyt, hys, hym, hyne* nach § 10 Anm. 4.

§ 84. Einfaches Demonstrativum '*der*' (auch als bestimmter Artikel und als Relativpronomen gebraucht).

	ae.			alts.			got.		
Sg.	*m.*	*n.*	*f.*	*m.*	*n.*	*f.*	*m.*	*n.*	*f.*
N.	sĕ | þæt		sīo, sēo	thê, thie | that thiu			sa | þata sô		
G.	þæs	þære		thës	thëra, -o		þis	þizôs	
D.	þæm (þām)	þære		thëm, thëmu	thëru, -o		þamma	þizai	
A.	þone | þæt	þā		thëna, thana	that, thea, thia, thie		þana | þata þô		
I.	þȳ; þon	—		—	thiu		— | þê —		

	ae.		alts.	got.		
Plur.				*m.*	*n.*	*f.*
NA.	þā	*m. f.* thea, thia, thie; *n.* thiu		N. þai; A. þans | þô þôs		
G.	þāra (þǣra)	thëro		þizê	þizô	
D.	þæm (þām)	thêm		þaim	þaim	

Anm. 1. Die eingeklammerten Formen sind jünger. Andere in jüngeren Texten vorkommende Formen sind *sēo* für den N. Sg. mask. (ganz spät) *þæne* und *þane* im A. Sg. mask., *þāre* im G. D. Sg. fem., *þan* im D. Sg. mask. u. neutr.

Anm. 2. Die Instrumentalform *þon* steht in ablativischer Verwendung bei Komparativen (z. B. *þon mā* mehr als das) und in adverbialen Formeln (z. B. *bi þon* deswegen, *æfter þon* nachher).

Anm. 3. Als Relativum dient außer dem einf. Demonstrativpronomen auch die Partikel *þe*, die auch oft zusammen mit dem einf. Dem. (z. B. *þæt þe = þætte*) gebraucht wird.

§ 85. Zusammengesetztes Demonstrativum '*dieser*'.

a) Mask., Neutr.

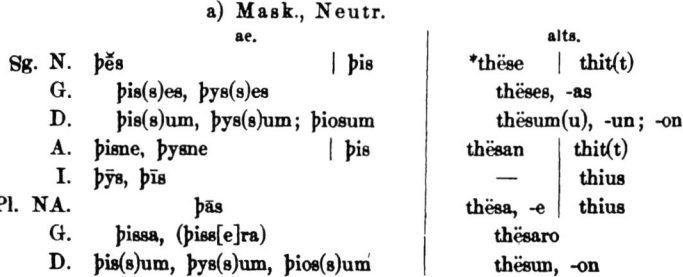

		ae.		alts.	
Sg.	N.	þ̆ĕs	| þis	*thëse	| thit(t)
	G.	þis(s)es, þys(s)es		thëses, -as	
	D.	þis(s)um, þys(s)um; þiosum		thësum(u), -un; -on	
	A.	þisne, þysne	| þis	thësan	thit(t)
	I.	þȳs, þīs		—	thius
Pl.	NA.	þās		thësa, -e	thius
	G.	þissa, (þiss[e]ra)		thësaro	
	D.	þis(s)um, þys(s)um, þios(s)um		thësum, -on	

b) Femininum

ae.		**alts.**
Sg. N.	þīos, þēos	thius
G.	þisse (þiss[e]re)	thësaro, (-a)
D.	þisse (þiss[e]re)	thësaro, -a
A.	þās	thësa
Pl. wie Mask. und Neutr.		

Anm. 1. Die ursprüngliche Bildungsart geschah durch Anfügung einer Partikel -se, -si (= got. *-sai, ahd. *-sê) an die Formen des einf. Demonstrativs, doch sind hiervon ae. nur noch Reste vorhanden. In den meisten Formen wird ein Stamm þis wie ein Adjektiv flektiert.

Anm. 2. Spätws. kommt auch (nach § 10, Anm. 4) N.A.Sg. neutr. þys, G.D.Sg. fem. þysse, þyss(e)re, G.Pl. þysse, þyss(e)re vor; angl., kent. und in nicht strengws. Texten auch A.Sg. mask. þiosne, þeosne, G.D.Sg. fem. þeosse, G.Pl. þeossa.

§ 86. Interrogativa und Indefinita.

Das substantivische Fragepronomen (und Indefinitum) 'wer, was' hat im westgerm. für Mask. und Fem. dieselbe Form und bildet keinen Plural.

	ae.		**alts**		**got.**		
	m. f.	*n.*	*m. f.*	*n.*	*m.*	*n.*	*f.*
N.	hwā	hwæt	hwê, hwie	hwat	ƕas	ƕa	ƕô
G.	hwæs		hwës		ƕis		*ƕizôs
D.	hwæm (hwām)		hwëm(u)		ƕamma		ƕizai
A.	hwone	hwæt	hwëna (hwane)	hwat	ƕana	ƕa	ƕô
I.	—	hwȳ, hwî	—	hwî, hwiu	—	ƕê	—

Anm. 1. Neben hwone (selten hwane) kommt besonders später auch hwæne vor. — Eine zweite Form des Instr. hwon (hwan) steht nur in adverbialen Formeln, eine dritte hū (alts. hwô) nur in der Bedeutung 'wie'.

Anm. 2. Wie hwā geht auch das Kompos. ʒehwā, verstärkt æʒhwā, 'jeder'. Dieses bildet jedoch bisweilen einen G.D.Sg. fem. ʒehwære. — Seltener ist æthwā (jeder). — Spätws. ist das Komp. lōcahwā, lōchwā (wer auch immer).

§ 87. Die Pronominaladjektiva

(die Possessiva s. § 82, Anm. 3) weichen von der Adjektivflexion meist nur dadurch ab, daß von ihnen keine schwachen Formen gebildet werden; so bei hwæðer welcher von beiden, hwilc welcher, swilc, swylc, swelc solcher; sum irgendein, ælc jeder, æniʒ 'ullus', nāhwæðer (nāwðer, nāðer) 'neuter', nān, næniʒ 'nullus'. — Stark und schwach flektiert altws. sēlf (spätws. sylf, außerws. seolf, nordh. auch solf) 'ipse'; nur schwach sē ilca 'idem' (erst spät kommen starke Formen vor).

II. Abschnitt. Konjugation

Kap. I. Die Flexion der starken und schwachen Verba

§ 88. Die Tafel im Anhang enthält links die ae. starken Verba, rechts die ae. schwachen Verba und die alts. Verbalflexion. Paradigmen sind:

A. für die starken Verba: 1. *hĕlpan* helfen (III. abl.), gibt die Verbalendungen in der ae. Form der ältesten Quellen. — Die folgenden Paradigmen zeigen die gemeinae. (ws.) Formen, und zwar: 2. für die regelmäßigen Verba: *bindan* binden (III. abl.), *faran* fahren (VI. abl., mit Wechsel von *a* und *æ*, § 9, 2, a u. b), *cēosan* wählen (II. abl., mit grammat. Wechsel und mit *i*-Umlaut in der 2. 3. Sg. Präs. Ind.), *feallan* fallen (red. II, mit *i*-Umlaut in der 2. 3. Sg. Präs. Ind.), *hebban* heben (abl. VI; mit *j*-Präsens; § 89 Ann. 1, a); — 3. für die Verba mit Kontraktion nach Ausfall eines inlautenden *h* (vgl. § 90, d): *tēon* zeihen, (abl. I), *tēon* ziehen (Abl. II), *sēon* sehen (abl. V), *slēan* schlagen (abl. VI), *fōn* fangen (red. I), sämtlich im Prät. mit grammat. Wechsel;

B. für die schwachen Verba: I. schw. Konj.: a) kurzsilbige: *nerian* retten (mit erhaltenem *j* nach *r* § 28), *fremman* fördern (mit westgerm. Gemination, § 26, b, und Ausfall des *j*, § 28); — b) langsilbige: *dēman* (alts. *dômian*) richten. — II. schw. Konj.: *lōcian* (alts. *lôkon, -oian*) schauen.

Anmerkungen zur ae. Verbalflexion

1. Präsens

a) **Indikativ.** 1. Sg. Die Endung *-u, -o* ist nur in den ältesten Quellen und im Angl. erhalten, sonst herrscht durchaus *-e*. Vor enklitischem *ic* wird das *-e* bisweilen apokopiert, bes. in *wēnic* ich glaube, für *wēne ic*.

2. und 3. Sg. Die ältesten Endungen der zweisilbigen Formen des st. Vb. und schw. Vb. I. sind *-is, -iđ*; gewöhnlich steht auch schon in den älteren Quellen *-es, -eđ*; die schw. Vb. II haben *-as, -ađ*; der 2. Pers. ist späterhin außer nordh. durchaus *t* angetreten, also *-est, -ast*, altws. auch *-esđ, -asđ*, § 36 Anm. 1. Bisweilen verschmilzt die 2. Sg. mit dem Pron. der 2. Pers., z. B. *wēn(e)stu, wēnesđu* (vgl. § 38 Anm. 4).

Bei den st. Vb. und schw. Vb. I wird das *e* der Endungen *-es, -eđ* südengl. (nicht anglisch) bes. bei Stammschluß auf Dentale oft synkopiert. Doch fehlt Synkope bei Verben auf *-r*, bei solchen auf *l, m, n* ist sie selten. Die stammesauslautenden Konsonanten erleiden dabei z. T. Veränderungen: Vereinfachung der Gemination (*fylst, fylð* § 26 Anm. 2); *d* wird gewöhnlich zu *t* vor *s* und verschmilzt mit *ð* (*bintst*, auch *binst*; *bint* § 37 Anm. 1, § 38 Anm. 4); *ð* wird nach Konsonanten stets unterdrückt (*weorðan, wyrst, wyrð*), nach Vokalen fällt es vor *ð* oft aus und wird vor *s* zu *t* (*snīðan, snītst, snīð* und *snīðð*); *c* und *ʒ* werden besonders in späterer Zeit oft zu *h* (*tǣhð* § 41 Anm. 2, *stīhð* § 41 Anm. 4). Das *ð* der 3. Person wird nach *s* oft, nach anderen stimmlosen Konsonanten vereinzelt, zu *t* (*cyst* und *cysð*).

Über *i*-Umlaut bzw. *i* statt *ē* in der 2. u. 3. Pers. Sg. siehe § 90, a u. Anm. 1. Im Plur. steht namentlich ws. statt der Endung *-að* vor enklitischem Pron. *wē, ʒē* häufig *-e*: *binde wē, binde ʒē* (neben *bindað wē, ʒē*).

b) Optativ. Im Pl. ist neben *-en* die Endung *-an* im Spätws. häufig; daneben steht auch *-on* und bisweilen *-un*, also z. B. *binden, bindan* (*bindon, bindun*), nordh. *-a, -e*. Die gleichen Formen gelten für die adhortative Form des Imperativs (1. Pl.). Vor *wē* und *ʒē* erscheint, aber gemeinae., wie im Ind. *-e* (*binde wē, ʒē*).

c) Imperativ. Die 2. Sg. ist bei den st. Vb. endungslos, bei den schw. Vb. I hat sie die Endung *-e* (älter *-i*), welche bei langsilbigen nach § 20 Anm. 1 geschwunden ist (*nere*, aber *dēm*). Die schw. Vb. II haben die Endung *-a*. Die st. *j*-Präsentia (§ 89 Anm. 1, a) stimmen zu den schw. Vb. I (*hefe*). — Die (adhortative) 1. Pl. Imp. auf *-an* wird teilweise durch die Optativform *-en* verdrängt; die 2. Pl. Imp. stimmt zum Pl. Ind.

d) Infinitiv. Neben der Endung *-an* findet sich in älteren (ws.) Texten selten *-on*. Nordh. steht *-a* (vgl. § 31 Anm. 4). — Zum Inf. gehört eine Dativform (Gerundium) auf *-anne* (*tō bindanne*) oder *-enne*, woneben auch *-onne*, in ganz späten Texten auch *-ende* (*tō bindende*) steht.

e) Partizipium Präs. Über die Flexion der Part. Präs. als Adj. *ja-/jō*-Stämme s. § 71, die Flexion der substantivierten Part. s. § 66. — Die gemeinae. Form der Part. ist *-ende* (selten nicht strengws. *-onde*, nordh., bes. bei schw. Vb. II auch *-ande*).

2. Präteritum

a) Indikativ. Die 2. Sg. der st. Vb. endet auf *-e*, welches hier und da vor enklitischem *þu* abfällt (*hulp þu* für *hulpe þu*). Die 2. Sg. der schw. Vb. endet in den ältesten Quellen u. nordh. auf *-des*, gemeinws. ist *-dest* (wie *-est* in der 2. Sg. Ind. präs.).

Im Plur gilt *-un* (schw. Vb. *-dun*) nur in den ältesten Quellen, gemeinws. ist *-on, -don*, woneben später häufig *-an* (*bundan*), selten *-en* (*bunden*) erscheint. Nordh. steht *-on*, seltener *-un* (nie ohne *n*).

b) Optativ. Die Endung des Pl. *-en* (schw. Vb. *-den*) ist zunächst vom Ind. scharf geschieden. Später greift aber das *-on, -an* des Ind. auch in den Opt. über. Nordh. steht *-e* wie im Sing. — Die 2. Sg. der schwachen Verba ist spätws. der 2. Sg. Ind. gleich (*neredest* statt *nerede*).

3. Partizipium Präteriti

Über die Flexion der Part. Pt. als Adj. *a-/ô-*Stämme s. § 70, c und Anm. 3.
— Die einfachen Verba bilden ihr Part. Pt. gewöhnlich mit der Partikel *ʒe-*
(älter *ʒi-*): *ʒeholpen, ʒenered* usw. Doch finden sich auch Formen ohne *ʒe-*,
namentlich bei starken Verbum.

Kap. II. Die Tempusstämme der starken und schwachen Verba

A. Starke Verba

§ 89. Die Unterscheidung der Tempusstämme geschieht bei den
st. Vb. durch Vokalwechsel in der Wurzelsilbe (Ablaut). Auch die
im gotischen noch reduplizierenden Verba haben in den übrigen
germ. Sprachen bloßen Vokalwechsel, sind also scheinbar ablautend
geworden. Der vom Ae. aus dem Urgerm. übernommene Ablaut
verteilt sich auf vier Stämme, welche für die Abwandlung der
st. Verba maßgebend sind. Wir führen demgemäß von jedem Verbum
vier Formen an. Diese sind: 1. Infinitiv, dessen Vokal als Grund-
lage für alle Präsensformen gilt; 2. 1. und 3. Sing. Ind. Prät. (im
westgerm. nur für diese Formen); 3. Plur. Ind. Prät. (für alle
übrigen Formen des Prät.); 4. Part. Prät. (nur für diese Form).

Anm. 1. Außer dem Vokalwechsel sind im Ae. aus alter Zeit noch einige
Reste von konsonantischen Unterschieden zwischen dem Stamme des Präsens
und dem des Prät. geblieben. Diese sind:

a) Präsensstämme mit erweiternden Suffixen. Das sind besonders
die Präsensbildungen mit *j* (Suffix *-ja-*), welche im Präs. ganz wie die schw. Vb. I
flektieren und in Vokalen und Konsonanten der Wurzelsilbe alle Wirkungen
eines folgenden *j* zeigen, während Prät. und Part. Prät. davon frei sind. Vgl.
das Paradigma *hebban* § 88. Solche Verba sind vorhanden in den Klassen abl. V.
(§ 95), abl. VI (§ 96), red. II (§ 99) und vielleicht in abl. III (§ 93 Anm. 6 u. 8). —
Reste anderer Präsenserweiterungen bei *stondan, wæcnan* (§ 96 Anm. 2 u. 3),
friʒnan (§ 93 Anm. 8).

b) Durch grammatischen Wechsel (s. § 25) ergeben sich bei einigen
Verben, deren Wurzelsilbe auf *h, s, þ* ausgehen, konsonantische Unterschiede
zwischen den Stämmen 1. 2. und 3. 4., wobei letztere *ʒ (w), r, d* statt des *h, s, þ*
eintreten lassen, z. B. *cēosan, cēas, curon, coren*. Doch haben manche Verba
diesen Wechsel schon verwischt durch Verallgemeinerung des Präs.-Kons. auf alle
Formen; auch dringt der sth. Laut öfter in den 2. Stamm vor, so besonders
bei abl. VI (§ 96) und bei den red. Vb. (§ 97).

c) Konsonantische Abweichungen der Prät. vom Präsens bei einigen
red. Verben als Reste der Reduplikation, s. § 97 Anm.

§ 90. Durch die speziell ae. Vokalwandlungen sind die Wurzelvokale der st. Verba noch mannigfaltiger geworden. In Betracht kommen folgende Erscheinungen:

a) Die Brechung (§ 4) betrifft das *ē* im ganzen Präsensstamme der abl. Vb. IIIb (z. B. *weorþan*), ferner das *a* in den red. Vb. II (z. B. *feallan, wealdan*) und im Sg.Prät. der abl. IIIb mit den § 9,2,c genannten Einschränkungen.

b) Der *i*-Umlaut betrifft im Präsens nur die 2. u. 3. Sg. Ind. und erscheint häufig in diesen Formen, namentlich als Regel bei Synkope des Endungsvokals (§ 88 Anm. 1, a). Oft aber wird nach den übrigen Präsensformen der unumgelautete Vokal eingeführt, so regelmäßig bei nichtsynkopierten Formen, manchmal aber auch bei synkopierten (z. B. *fealst, fealð* zu *feallan* fallen), hingegen fast nie bei Verben auf *h* (§ 88 Anm. 3). — Der Opt. Prät. und die 2. Sg. Ind. Prät. haben den Umlaut schon ganz durch Ausgleichung beseitigt. — Im Part. Prät. zeigt in der älteren Sprache der Wurzelsilbenvokal bisweilen *i*-Umlaut, besonders bei Verben mit -*aȝ*-, z. B. *ȝesleȝen* neben später allein gültigem *ȝeslæȝen, ȝeslaȝen*.

Anm. 1. Der *i*-Umlaut in der 2. 3. Sg. Ind. Präs. ist am stärksten im Ws. und Kent. entwickelt, während das Angl. (das nur nichtsynkopierte Formen verwendet) ihn nicht kennt, außer bei den Verba contracta (§ 90, d und Anm. 2) und den Verben *dōn* und *ȝān* (§ 109 f.). — Dem Umlaut der 2. 3. Sg. entspricht in den Ablautklassen III—V der alte (und auch angl. teilweise erhaltene) Wechsel zwischen *ë* und *i*: *hëlpe, hilp(e)st, hilp(e)ð* (vgl. § 5 Anm.); auch hier finden sich die Ausgleichsformen *hëlpest, hëlpeð* und *hëlpst, hëlpð*.

c) Velarumlaut (§ 7) ist im Strengws. sehr selten (vgl. § 9 Anm. 13 a, 10 Anm. 9), häufig aber in den angl. Mundarten und im Kentischen. Nur in nicht strengws. Texten findet er sich im Präsens der Abl. Vb. IV, z. B. *beoran* für *bëran* und im Prät.Plur. der abl. Vb. I (*driofon, dreofon* statt *drifon* zu *drīfan*), in welchen er in den angl. Mundarten (und auch öfter in der Poesie) ganz gewöhnlich ist.

d) Kontraktion (§ 8 und § 43, b) findet bei denjenigen Verben, welche *h* als Endkonsonanten der Wurzelsilbe haben, im ganzen Präsensstamme mit Ausnahme der 2. 3. Sg. Ind. Präs. und der 2. Sg. Imp. statt; vgl. die Paradigmen § 88. — Prät. und Part. Prät.

werden nicht betroffen, da sie durchaus *h* im Auslaut oder aber (mit gramm. Wechsel) *z, w* haben.

Anm. 2. Im Angl. ist das *h* nur in der 2. Sg. Imp. erhalten; die 2. 3. Sg. Ind. Präs. hat Kontraktion des umgelauteten Wurzelvokals unter Verlust des *h*, z. B. *fōn*, 2. Sg. *fōe st*, 3. Sg. *fōeð*.

1. Die ablautenden Verba

§ 91. Klasse I: Got. *ei, ai, i, i.* Alts. *grîpan, grêp, gripun, gigripan; thîhan, thêh, thigun, githigan.*

Ae. *ī, ā, i, i.* Beispiele: *zrīpan, zrāp, zripon (zriopon* § 90, c), *zripen* greifen; mit gramm. Wechsel *snīðan, snāð, snidon, sniden* schneiden; Verba contracta (§ 90, d), *wrēon, wrāh, wrizon, wrizen* bedecken.

Anm. 1. In *rīsan* (sich erheben) ist der gramm. Wechsel schon beseitigt: *rīson, rīsen.*

Anm. 2. Die Verba contracta dieser Reihe sind nach dem Präsensvokal *īo, ēo* (vgl. *tēon, tīon* ziehen § 92) häufig in die II. Klasse übergetreten, also auch *wrēon, wrēah, wruzon, wrozen,* Ebenso *tēon* (zeihen), davon Part. Prät. außer *tizen* und *tozen* auch mit *i*-Umlaut (§ 90, a) *tyzen.* — *þēon* (gedeihen) bildet den Stamm 3 und 4 neben *þizon, þizen* und *þuzon, þozen* (Kl. II) auch nach Kl. III *þunzon, þunzen,* welcher das Verbum ursprünglich zugehört (Präs. **þīhan* aus **þinhan* nach § 31 Anm. 1).

§ 92. Klasse II: Got. *iu (ū), au, u, u.* Alts. *biodan, bôd, budun, gibodan; tiohan, tôh, tuhun (tugun), gitogan; lûkan, lôk, lukun, gilokan.*

Ae. *ēo (ū), ēa, u, o.* Beispiele *bēodan, bēad, budon, boden* bieten, *cēowan, cēaw, cuwon, cowen* kauen; mit gramm. Wechsel *cēosan, cēas, curon, coren* wählen; *sēoðan, sēað, sudon, soden* sieden; Kontr. (§ 90, d) *tēon, tēah, tuzon, tozen* ziehen; — *lūcan, lēac, lucon, locen* schließen.

Anm. 1. Wie *lūcan* geht die Minderzahl: *slūpan* schlüpfen, *scūfan* schieben, *būzan* sich biegen, *smūzan* schmiegen, *sūzan, sūcan* saugen, *brūcan* brauchen, *lūtan* sich neigen, und noch einige andere.

Anm. 2. Von *scēotan* (schießen) und *scūfan* ist das Part. Pt. öfter *sceoten, sceofen* (§ 11 Anm. 3).

Anm. 3. Wie *tēon* geht *flēon* (fliehen). Doch ist später das Verbum im Präsens mit *flēozan* (fliegen) vermischt worden, mit dem es im Prät. und Part. Pt. gleichlautend war.

Anm. 4. Zu *hēofan* (klagen) tritt als Prät. *hēof* (red. II, vgl. § 99 Anm. 3) oder schwach *hēofde; hrēowan* (reuen) hat neben älterem *hrēaw* spätws. auch *hrēow.*

§ 93. Klasse III: Verba auf Nasal oder Liquida + Kons., Doppelnasal und Doppelliquida; got. *i, a, u, u.* Alts. a) *bindan, band, bundun, gibundan;* — b) *helpan, halp, hulpun, giholpan.*

a) Verba auf Nasal + Kons. oder Doppelnasal haben ae. *i, a* (oder *o* § 9, 1), *u, u.* Beispiele: *bindan, band (bond), bundon, bunden* binden; *swimman, swam (swom), swummon, swummen* schwimmen.

Anm. 1. Mit Metathese des *r* (§ 29 Anm.) gehört hierher ws. *irnan, yrnan* (altws. *iernan* aus **rinnan*, nordh. *iorna*) laufen, Prät. *orn* und *arn* (später auch analog *earn*), Part. Pt. *urnen*. Ebenso ws. *byrnan*, nordh. *biorna* brennen. Neben *yrnan* selten auch *rinann, rann* ohne Metathese.

Anm. 2. Von *findan* kommt ws. auch ein Pt. *funde* (mit schw. Endung) vor. — Zu *swinʒan* Part. Pt. alt auch *sunʒen.* — Über *þunʒon* zu *þēon* s. § 91 Anm. 2.

b) Verba auf *l* + Kons. haben ae. *e, ea* (auch *a,* § 9, 2, c), *u, o*; Verba auf *h* oder *r* + Kons. haben *eo, ea, u, o.* Vgl. § 90, b. Beispiele: *helpan, healp (halp), hulpon, holpen* helfen; *swellan, sw(e)al(l), swullon, swollen* schwellen; — *weorpan, wearp, wurpon, worpen* werfen; *feohtan, feaht,* (angl. *fehtan, fæht* mit Ebnung, § 6, b) *fuhton, fohten* fechten; mit gramm. Wechsel *weorðan, wearð wurdon, worden* werden.

Anm. 3. Ferner gehören hierher Verba mit *r* vor dem Stammvokal und anderer mehrfacher Konsonanz nach ihm wie: a) *s* + Kons. mit Metathese des *r* (§ 29 Anm.): *bĕrstan, bærst, burston, borsten* brechen, ebenso *þĕrscan* dreschen; b) *ʒd: brĕʒdan, brœʒd, bruʒdon, broʒden* schwingen (auch *brēdan, bræd* usw. nach § 42 Anm. 6); ebenso *strēʒdan (strēdan),* doch häufiger schwach Prät. *streʒde (stredde).*

Anm. 4. Mit Palatal anlautende, wie *ʒillan* (gellen), *ʒildan* (gelten) haben ws. im ganzen Präsens *i* oder *y* (altws. *ie*) nach § 10, 3.

Anm. 5. Germ. **fĕlhan* (got. *filhan*) eindringen, ergibt über **feolhan* (§ 10, 2, A, b) nach § 43, b im Präs. *fēolan* (aber 2. 3. Sg. *filhst, filhð*); das Prät. lautet *fealh,* der Pl. neben *fulʒon* häufiger *fǣlon* (angl. *fēlon*); Part. Pt. *folen* (nach *stēlan* § 94). — Über *aseolcan* und *mĕlcan* s. § 10 Anm. 5.

Anm. 6. ws. *ʒyrran,* Prät. Pl. *ʒurron* (knarren) hat wohl *j*-Präsens (vgl. § 89 Anm. 1, a).

Anm. 7. *murnan* trauern (*mearn, murnon*) hat abweichenden Präsensvokal. Ebenso *spurnan, spornan* treten.

Anm. 8. *friʒnan* (erfragen [für **friʒnjan*: urspr. *nj*-Präsens], got. *fraihnan, frah,* alts. *frēgnan, fragn* und *frang*) hat im Präs. *i*; Prät. *frægn, fruʒnon,* Part. *fruʒnen.* Daneben (nach § 42 Anm. 6) auch *frīnan, frǣʒn, frūnon, frūnen*; von *frīnan* aus tritt auch nach abl. I (§ 91) Prät. *frān,* seltener Pl. *frinon,* Part. *frinen* ein. Statt *frǣʒn, fruʒnon* selten auch *frenʒ, frunʒon.*

§ 94. Klasse IV: Got. *i, a, ê, u.* Alts. *stêlan, stal, stâlun, gistolan.*

Ae. *ë, æ*, ws. *ǣ* (angl. kent. *ē*), *o.* Hierher Verba auf *l, r, m* z. B. *stëlan, stæl, stǣlon, (stēlon), stolen* stehlen; *bëran, bær, bǣron, (bēron), boren* tragen; ferner solche mit *r* vor dem Stammvokal: *brëcan, bræc brǣcon (brēcon), brocen* brechen.

Anm. 1. Besondere Abweichungen zeigen zwei Verba auf *m: niman, nōm, nōmon* (neben *nam, nāmon*), *numen* nehmen; *cuman, c(w)ōm, c(w)ōmon, cumen* (auch *cymen* § 90, a) kommen (der Präsensstamm erscheint öfter mit *y*, besonders der Opt. Präs. *cyme* neben *cume*).

Anm. 2. Über ws. *æ* im Prät. Plur. dieser Kl. u. Kl. V vgl. § 12, b.

Anm. 3. ws. *scyran* (altws. *scieran*) scheren hat als Stammformen *scear* (§ 9, 2, d), *scēaron* (§ 12, b u. Anm. 2), *scoren*, nicht strengws. (poet.) *scær, scǣron.*

Anm. 4. Über Velarumlaut in Klasse IV u. V s. § 90, c.

§ 95. Klasse V: Got. *i, a, ê, i.* Alts. *gēban, gaf, gâbun, gigëban.*

Ae. *ē, æ*, ws. *ǣ* (angl. kent. *ē*) *ē,* Verba auf einfachen Konsonanten außer *l, r, m*, z. B. *mëtan, mæt, mǣton (mēton), mëten* messen; mit gramm. Wechsel *cwëðan, cwæð, cwǣdon (cwēdon), cwëden* sprechen; Kontr. (§ 90, d) *ʒefēon, ʒefeah, ʒefǣʒon (ʒefēʒon)* sich freuen; mit *j*-Präsens (§ 89 Anm. 1, a) *biddan, bæd, bǣdon (bēdon), bëden* bitten, *sittan* sitzen.

Anm. 1. *lësan* (lesen), *ʒenësan* (genesen) haben den gramm. Wechsel verloren, den nur das defektive *wësan* (§ 107) noch zeigt.

Anm. 2. *ʒifan* (geben) hat ws. im Präs. fast stets *i* (nicht *ie, y* nach § 10, 3). Vielleicht ist an eine Stammform mit -*i*- zu denken (nach dem Sb. *ʒift* oder analog zu *niman*, zumal nach § 90, Anm. 1 in der 2. u. 3. Sg. Ind. Präs. *i* stand). Die übrigen Stammformen zeigen ws. die durch anlautendes *ʒ* hervorgerufenen Abweichungen (§ 9, 2, d u. § 10, 3): *ʒeaf, ʒēafon* (mit palatalem *ʒ* nach dem Sing., vielleicht aber *ʒēāfon* nach § 12, b und Anm. 2), *ʒifen.* Ebenso *-ʒitan, -ʒietan, -ʒytan* (erlangen, angl. *-ʒëtan*).

Anm. 3. *ëtan* (essen), *frëtan* (fressen) haben im Sg. Pt. langen Vokal (ws. *ǣt, frǣt*, angl. *ēt*) nach dem Pl.

Anm. 4. Wie *ʒefēon* noch *plēon* (wagen) und *sēon* (sehen). Letzteres hat ws. im 3. u. 4. Stamm *w* nach § 25 Anm. 1 (vgl. das Paradigma § 88), angl. *ʒ* (*sēʒon, sēʒen*; Prät. Pl. auch *sæʒon* in poet. Texten; im Part. Pt. ws. *sewen* und *sāwen* (mit *ā* nach dem Prät. Pl. *sāwon*). Nordh. wird auch das Adj. *ʒesēne* (sichtbar) als Part. Pt. verwendet (ne. *seen*).

Anm. 5. Verba mit *j*-Präsens sind noch: *licʒ(e)an* liegen, *sittan* sitzen, *þicʒ(e)an* nehmen, *fricʒ(e)an* erfahren. Zu *þicʒ(e)an* ist das Prät. Sg. *þeah* und *þāh* (nach Kl. 1), Pl. *þæʒon* (*þēʒon*), Part. *ʒeþēʒen*; zu *fricʒ(e)an* nur Part. *ʒefrēʒen*, *-friʒen*, *-fruʒen* (vgl. *friʒnan* § 93 Anm. 8).

Anm. 6.   Im Pl. Prät. steht ws. *lāʒon*, neben *læʒon* zu *licʒ(e)an*, ebenso *wāʒon* und *wæʒon* zu *wēʒan* (tragen; wägen), s. § 12, b.

§ 96. Klasse VI: Got. *a, ô, ô, a*. Alts. *faran, fôr, fôrun, gifaran*; *slahan, slôg, slôgun, gislagan*; *hebbian, hôf, hôbun, gihaban*.

Ae. *a, ō, ō, a* (und *æ*, s. § 9 Anm. 5). Beispiele: *faran, fôr, fôron, faren* gehen; Kontr. (§ 90, d) *slēan, slōʒ, slōʒon, slaʒen* (und *slæʒen*, auch *sleʒen* § 90, a) schlagen; mit *j*-Präsens (§ 89 Anm. 1, a) *hebban, hōf, hōfon, hafen* (*hæfen*) heben.

Anm. 1.   *weaxan* (wachsen) hat im Prät. (als red. II) *wēox* (nordh. *wōx*); ebenso von *spanan, sponan* (verlocken) statt *spōn* später *spēon* (und danach auch Präs. *spannan*).

Anm. 2.   Zum Prät. *wōc* gehört das Präs. *wæcnan* (erwachen), s. § 89 Anm. 1, a.

Anm. 3.   *standan, stondan* (stehen) bildet das Prät. ohne *n*: *stōd, stōdan*, aber Part. *standen, stonden*.

Anm. 4.   Wie *slēan* (vgl. das Paradigma § 88) noch *flēan* schinden, *lēan* tadeln, *þwēan* waschen.

Anm. 5.   Verba mit *j*-Präsens sind außer *hebban* (vgl. d. Paradigma § 88: *swerian, swer(i)ʒ(e)an* schwören, ws. *hlihhan, hlyhhan* (§ 9, 2, c), angl. *hlæhhan* (mit *æ* nach § 9 Anm. 8) lachen, *stæppan* gehen, *sceððan* (auch *sceaðan*) schädigen, ws. *scippan, scyppan* außerws. *sceppan* (§ 9, 2, d) schaffen. — Prät. mit gramm. Wechsel: *hlōʒ* (*hlōh* § 42 Anm. 4), *hlōʒen* und *scōd* (auch *sc̣ōd* nach *sc*, vgl. § 6, a), *scōdon*, daneben schwach *sceðede*. Part. zu *swerian* mit *o* nach Kl. IV: *sworen* (auch *swaren*).

2. Die reduplizierenden Verba

§ 97.   Im Gotischen gibt es a) reduplizierende Verba ohne Ablaut, z. B. *haitan, haíhait, haíhaitum, haitans* heißen; *aukan, aíauk, aukans* vermehren; — b) ablautend-reduplizierende Verba, z. B. *lêtan, laílôt, lêtans* lassen, *saian, saísô, saians* säen. In den übrigen germanischen Sprachen sind die reduplizierenden Präterita durch Kontraktion verkürzt, so daß sie sich nur noch durch den Vokalwechsel vom Präsens scheiden. Da für das ganze Prät. derselbe Vokal gilt und der Vokal des Part.Pt. dem Präsensvokal gleich ist, so wird ebenso (wie bei den abl. Vb. VI) die Flexion des Verbums nur durch zwei Stammformen, Infinitiv und Sing. Prät., gekennzeichnet.

Anm. In den angl. Dialekten gibt es bei 5 Verben noch Formen, welche den Stamm des Prät. vom Präs. außer durch den Vokalwechsel auch noch durch einen Konsonanten unterscheiden, der bei Synkope der alten Reduplikationsformen übriggeblieben ist: *heht* zu *hātan* heißen (got. *haihait*), *reord* zu *rēdan* (ws. *rǣdan*) raten (got. *raírōþ*); *leolc* zu *lācan* springen (got. *lailaik*), *leort* zu *lǣtan* lassen (got. *laílōt*) und (*on*)*dreord* zu (*on*)*drēdan* (ws. *ondrǣdan*) fürchten. Aus diesen Dialekten sind diese Formen auch in die poet. Denkmäler übergegangen. Im Ws. begegnet von ihnen nur ganz spärlich *heht* (neben gewöhnlichem *hēt*).

§ 98. Klasse I. Vokal des prät. *ē* (*e*): a) Verba mit Präsensvokal ws. *ǣ*, angl. kent. *ē*: *lǣtan* (*lētan*), *lēt*, *lēton*, *lǣten* (*lēten*) lassen (alts. *lâtan*, *lêt*); ws. *slǣpan*, (*slāpan*, § 12, b) schlafen, (*on*)*drǣdan* fürchten; — b) mit Präsensvokal *ā* (got. *ai*): *hātan*, *hēt*, *hēton*, *hāten* heißen (alts. *hêtan*, *hêt*); *lācan* springen, *scādan* (auch *sceādan*, § 17 Anm.), *scēd* (und *sceād*) scheiden.

Anm. 1. Kurzes *e* hat wohl *blandan* (*blondan*) mischen, Pt. *blend* (doch kann diese Form zum sw. Vb. **blendan*, ne. *blend* gehören); ferner vielleicht die Verba contr. *fōn* (s. Paradigma § 88) fangen, *hōn* hangen, aus **faŋhan* **haŋhan* (§ 12, d, § 31 Anm. 1), Prät. mit gramm. Wechsel *feŋʒ*, *heŋʒ*, Part. *faŋʒen*, *haŋʒen*.

Anm. 2. *rǣdan* raten (Pt. angl. *reord* § 97 Anm. 1) ist ws. schwach: *rǣdde*, *gerǣdd* (selten *rǣden*). Auch zu *slǣpan*, -*drǣdan* begegnen schw. *slǣpte*, -*drǣdde*.

Anm. 3. Zu *hātan* (nennen, heißen) gehört als 1. 3. Sg. intrans. Passiv. und Pt. *hātte* (ich werde genannt, heiße), der einzige Rest des germ. Mediopassivs (got. *haitada*). Dazu Pl. 1. 2. 3 *hātton*.

Anm. 4. Das Verbum *erian* pflügen (*j*-Präsens, § 89 Anm. 1, a) flektiert ae. nach der 1. schw. Konj. (vgl. *nerian*; Prät. *erede*) wie got. *arjan* (ahd. red.: Prät. *iar*, Part. Prät. *giaran*).

§ 99. Klasse II. Vokal des Prät. *ēo*: a) Verba mit Präsensvokal germ. *a* vor *l*, *n* + Kons., z. B. ws. kent. *healdan* (angl. *haldan* (§ 9, 2, c), *hēold*, *hēoldon*, *healden* (*halden*) (alts. *haldan*, *held*) halten, *feallan* (*fallan* § 9, 2, c) fallen, *spannan* (*sponnan*) spannen, *ʒanʒan* (*ʒonʒan*) gehen usw.; — b) mit Präsensvokal *ēa* (got. *au*): *hlēapan*, *hlēop* (alts. *hlôpan*, *hliop*) laufen *hēawan* hauen, *bēatan* schlagen; — c) mit *ō*, z. B. *hrōpan*, *hrēop* (alts. *hrōpan*, *hriop*) rufen, *hwōpan* drohen, *blōtan* opfern; — d) mit *āw* und *ōw*, z. B. *cnāwan*, *cnēow* kennen, *þrāwan* drehen, *wāwan* (got. *waian*) wehen, *sāwan* (auch *sǣwan* mit *i*-Umlaut nach der 2. 3. Sg. Ind.; got. *saian*) säen; *blōwan* blühen, *ʒrōwan* wachsen, *rōwan* rudern, *spōwan* gedeihen usw.

5*

Anm. 1. Die Verba unter a) gehören im Alts. und Ahd. zu Klasse I (Vokal des Prät. im Alts. kurz *e*) und sind im Ae. (bis auf die Reste § 98 Anm. 1) zu Kl. II übergetreten. Das *ēo* des Prät. ist aus etym. Erwägungen ae. als lang anzusetzen. — Die Verba unter d) sind alts. (ahd.) zu den schw. Vb. I übergetreten. — Das Vb. *būan* (wohnen) hat kein st. Prät. (dafür *būde, būede* vom schw. Vb. *bū(w)ian*, nur das st. Part. *ʒebūn, ʒebūen* (selten *bȳn*) ist erhalten.

Anm. 2. *ʒanʒan* (gehen) hat neben sich das -*mi*- Präs. *ʒān* (s. § 110). Das zu *ʒanʒan* gehörige Prät. *ʒēonʒ* (im Beow. *ʒanʒ*) kommt nur in der Poesie vor, sonst tritt dafür *ēode* (s. § 110) ein. Außerdem ist (vereinzelt) ein schw. Vb. *ʒenʒan*, Prät. *ʒenʒde* belegt.

Anm. 3. *swāpan, swēop* (wegfegen) ist aus der red. Kl. I b hierher übergetreten. Über *wēox* zu *weaxan* und *spēon* zu *spanan* s. § 96 Anm. 1. Das Prät. *hēof* (zu *hēofan* klagen s. § 92 Anm. 4) ist vielleicht eine Restform eines ursprüngl. red. Vbs. **hēafan*. Das allein belegte Prät. *āhnēop* (pflückte ab) ist am ehesten eine mundartl. Form mit *ēo* für *ēa* zum Inf. *āhnēopan* st. Vb. II.

Anm. 4. Bei den Verben unter d) tritt im Prät. gelegentlich Kontraktion ein, z. B. *rēon* (statt *rēowon*) zu *rōwan*.

Anm. 5. Ein *j*-Präsens (§ 89 Anm. 1 a) hat *wēpan, wēop* (alts. *wôpian, wiop*) weinen; so vielleicht noch *hwēsan* keuchen.

B. Schwache Verba

§ 100. Bei den schwachen Verben ist zu unterscheiden: 1. der Stamm des Präsens, 2. der Stamm des Präteritums, 3. der Stamm des Part. Prät., welcher mit dem Stamme des Prät. im wesentlichen übereinstimmt. Von den vier got. Klassen ist die vierte (inchoativa auf -*nan*) westgerm. verloren; ae. (und alts.) ist auch die 3. got. ahd. Klasse (Stammausgang got. *ai*, ahd. *ê*) bis auf Reste verschwunden, so daß nur zwei Hauptklassen schwacher Verba, entsprechend der got. ahd. 1. und 2. schwachen Konjugation (Stämme auf -*ja*- und -*ô*-) vorhanden sind.

Zur Flexion der schw. Vb. vgl. § 88 mit den Paradigmentabellen.

1. Erste schwache Konjugation

§ 101. Das Präsens dieser überaus zahlreichen Verba ist mit einem *j*-Suffix gebildet, welches got. und alts. (*nerian, fremmian, dômian*) noch erhalten ist; nur vor dem *i* der 2. 3. Sg. Ind. und 2. Sg Imp. war das *j* geschwunden (alts. *neriu*, aber *neris, nerid, neri*). Im Ae. ist das *j* nach Konsonanten geschwunden, nur bei kurzer Stammsilbe auf *r* ist es erhalten (vgl. § 28), also *nerian* (graphische Nebenformen *nerʒan, neriʒan, neriʒean*) retten; ebenso *werian* wehren,

byrian gebühren usw. Seine Spuren hinterläßt das *j*; 1. im *i*-Um-
laut, der den ganzen Präsensstamm betrifft, z. B. *dēman* (alts.
dômian) richten, *fyllan* (alts. *fullian*) füllen; ws. *hȳran* angl. kent.
hēran (alts. *hôrian*, got. *hausjan*) hören, *sendan* (alts. *sendian*)
senden usw.; — 2. in der Palatalisierung eines vorhergehenden
c, *ʒ*, welche nach § 40 Anm. 1 vor *a*, *o* oft durch die Schreibung *ce*,
ʒe bezeichnet wird, also *þencean*, *þencan* (alts. *thenkian*) denken,
hnæʒ(e)an (westgerm. **hnaiʒjan*) neigen. — 3. Bei den ursprünglich
kurzsilbigen hat nach § 26, b das *j* Gemination des vorhergehen-
den einfachen Konsonanten (außer *r*) hinterlassen, welche im ganzen
Präsensstamm steht außer in der 2. 3. Sg. Ind. und 2. Sg. Imp., z. B.
tellan erzählen (got. *taljan*), *telle*, aber *telest*, *teleð*, ebenso *fremman*
fördern, *trymman* festigen, *wecc(e)an* wecken, *wecʒ(e)an* bewegen,
þennan (got. *þanjan*) dehnen, *settan* setzen, *hlynnan* brüllen, Ab-
leitungen auf -*ettan* (z. B. *bliccettan* blitzen).

Anm. 1. Die Scheidung der ursprünglich kurzsilbigen in solche mit
Gemination (*fremman* usw.) und solche mit *ri* (*nerian* usw.) wurde ws. und kent.
schon früh dadurch gestört, daß die geminierenden auch Nebenformen nach
nerian entwickelten. So erscheinen Formen wie *fremian*, *trymian* vielfach neben
fremman, *trymman* usw. Bei den meisten Verbis dieser Art auf *m, n, l, s, þ* sind
Formen mit Gemination strengws. überhaupt nicht belegt, es heißt dort viel-
mehr stets z. B. *þenian*, *behelian* verbergen, *wreðian* stützen. — Vgl. § 28 Anm. 1.

Anm. 2. Der Wechsel zwischen Gemination und einfachem Konsonanten
bei den kurzsilbigen wird später oft dadurch gestört, daß die Gemination auch
in die 2. 3. Sg. Ind. eindringt, also *tellest*, *telleð* statt *telest*, *teleð*.

Anm. 3. Nach § 19 ist germ. *iu* auch im Ws. durch *i*-Umlaut nicht immer
zu *īe*, *ȳ* geworden, sondern manchmal als *īo*, *ēo* erhalten. Neben *līehtan* (*līhtan*),
lȳhtan leuchten und *trīewan*, *trȳwan* glauben steht daher auch *lēohtan*, *trēowan*. —
Neben ws. *īewan*, *ȳwan* (got. *augjan*) zeigen, steht angl. (und poet. z. B. Beow.)
auch *ēawan* ohne *i*-Umlaut, das vielleicht ursprünglich nicht zu Kl. I gehörte,
und *eowian* (nach schw. Kl. II).

Anm. 4. Verba mit wurzelauslautendem *h* und langem Wurzelvokal
verlieren das *j* regelmäßig und lassen nach Ausfall des *h* (§ 43, b) Kontraktion
eintreten, z. B. ws. *hȳn* erhöhen (zu *hēah* hoch, daneben *hēan* mit dem Vokal
von *hēah*), *tȳn* lehren, *þȳn* (ahd. *dûhen*) drücken. — Vokalisch auslautende
Wurzeln bewahren das *j*, z. B. ws. *cīeʒan*, *cīʒan* (aus **kaujan*) rufen, poet. (mit
außerws. Vokal § 18) *hēʒan* (aus **haujan*, altn. *heyja*) ausführen. Im Ws. gleichen
sich die anderen Formen dem Präsensstamm an: Prät. *tȳde* (*tydde*), *cīʒde*, aber
poet. *hēde* zu *hēʒan*.

Anm. 5. Verba auf *rw*, *lw*, wie ws. *ʒyrwan* (älter *ʒierwan*) bereiten, ws.
wylwan (*wielwan*) wälzen, verlieren ursprünglich nach § 27 Anm. 3 ihr *w* in der

2. 3. Sg. Ind. Präs. und in der 2. Sg. Imp. (desgl. im Prät.) und flektieren also: ȝyrwe, ȝyrest, ȝyreð, ȝyrwað; Imp. ȝyre (Prät. ȝyrede). Doch treten bald Umbildungen ein, indem meist das w ganz durchgeführt (ȝyrwest, ȝyrwede), oder auch ganz getilgt wird. S. auch die folgende Anm.

Anm. 6. Viele Verba dieser Klasse haben, besonders im späteren Ws., Nebenformen nach der 2. schwachen Konjugation. Besonders häufig ist dieser Übertritt spätws. bei den kurzsilbigen mit erhaltenem i (nerian) und den nach Anm. 1 danach umgebildeten wie fremian, þenian, welche dann flektieren nerast, fremast (Prät. nerode, fremode). Ferner ist dies häufig bei den Verben auf rw, lw (Anm. 5), also z. B. neben wylwan später auch wylian und wylwian (wylode, wylwode). Auch die auf Kons. + n, r, l ausgehenden, wie hynȝran (hungern), haben später auch hynȝrian u. dgl.

§ 102. Das Präteritum der schw. Vb. I, welches got. durchaus auf -ida gebildet wird, zeigt ae. eine dreifache Bildungsweise.

a) Bei der Mehrzahl der kurzsilbigen auf ri, mm, nn, ss, ðð, bb, cȝ) ist unsynkopiertes -ede (got. -ida) mit einfachem Kons. die Regel, also nerian — nerede, þennan (þenian § 101, Anm. 1) — þenede, cnyssan (stoßen) — cnysede, swebban (einschläfern) — swefede, wecȝ(e)an — weȝede.

b) Das e der Mittelsilbe (got. i in -ida) wird synkopiert, bewirkt jedoch i-Umlaut (vgl. § 20 Anm. 1). Das ist regelmäßig der Fall bei sämtlichen langsilbigen (§ 21, b), also dēman — dēmde, ws. hīeran, hȳran — hȳrde, (angl. kent. hēran, hērde § 18), fyllan — fylde usw. Ferner folgen dieser Bildung von den kurzsilbigen lecȝ(e)an (legen) — leȝde (auch lēde § 42 Anm. 6) und alle auf d und t, z. B. hreddan (retten) — hredde, settan (setzen) — sette.

c) Eine Anzahl Verba bildete schon urgerm. das Prät. ohne Mittelvokal i. Diese Verba haben daher im Ae. keinen Umlaut im Prät., und bei auslautendem Guttural ist die Verbindung ht aus dem Urgerm. übernommen. Hierher gehören alle kurzsilbigen auf l und c, z. B. tellan (erzählen) — ws. kent. tealde, angl. talde, cwellan (töten) — cwealde (cwalde), þecc(e)an (decken) — þeahte, wecc(e)an (wecken) — weahte. Ferner mehrere langsilbige auf c, wie sēc(e)an (suchen) — sōhte, recc(e)an (sich kümmern, mit kurzem Vokal im Präs. statt zu erwartendem *rēc(e)an) — rōhte, tǣc(e)an (lehren) — tǣhte; weiter die auch im Got. so gebildeten bycȝ(e)an (kaufen) — bohte (got. baúhta), wyrc(e)an (arbeiten) — worhte (got. waúrhta), þenc(e)an und þync(e)an — þōhte, þūhte (got. þāhta, þúhta,

vgl. § 31 Anm. 1): endlich auch das Prät. *brōhte* (got. *brâhta*) zu dem
st. Präs. *brinʒan* (auch schwach *brenʒ(e)an*).

Anm. 1. Auch bei den unter a) angeführten kurzsilbigen Prät. auf *-ede*
wird gelegentlich das *e* synkopiert, z. B. *cnyste* statt *cnysede*; später wird
bisweilen der Doppelkons. des Präs. ins Prät. übertragen, z. B. *cnyssede*.
Die Form auf *-ede* nehmen von den langsilbigen in der Regel die mit langer Silbe
vor Kons. + *n*, *l*, *r* an, z. B. *hynʒran* (hungern) — *hynʒrede*, ws. *bȳcnan* (ein
Zeichen geben) — *bȳcnede*; bei kurzem Vokal vor Kons. + *n*, *l*, *r* gilt meist *-de*,
z. B. *efnan* (ausführen) — *efnde*, *eʒlan* (quälen) — *eʒlde*; doch finden sich hier
manche Schwankungen. Zu *nemnan* (nennen) lautet das Prät. *nemde*. — Ferner
haben *-ede* die langsilbigen auf *lw*, *rw* (vgl. § 101 Anm. 5): *gyrede*, *wylede*.
Für alle die genannten *-ede* tritt spätws. gern *-ode* mit Übertritt zu den
schw. Vb. II ein, der sich dann auch aufs Präs. erstreckt (vgl. § 101 Anm. 6).

Anm. 2. Bei den synkopierten Prät. unter b) treten gewisse Assimilationen
ein: *-de* wird zu *-te* nach stimmlosen Konsonanten, z. B. *ʒrētan* — *ʒrētte*, *scen-
can* — *scente*, *cyssan* — *cyste* (aber bei einfachem *s*: *lȳsan* — *lȳsde* usw. s. § 39); —
ðd bleibt zunächst, wird aber später *dd*, z. B. *cȳðan* — *cȳðde* *cȳdde*; — das *d*
geht verloren nach Kons. + *t*, *d*, z. B. *ēhtan* — *ēhte*, *sendan* — *sende* (§ 37 Anm. 1).

Anm. 3. Von den Verben unter c) haben die auf *-ecc-*, wie *þecc(e)an*
wecc(e)an im Prät. oft *þehte*, *wehte* mit dem Vokal des Präs. Diese Form wird
später herrschend und gilt auch im Angl. neben selteneren mit *æ* (wegen Eb-
nung § 9, 2, c). Ebenso steht neben *tāhte* zu *tæc(e)an* und *rāhte* zu *ræc(e)an*
(reichen) gew. *tæhte*, *ræhte* mit dem Vokal des Präs. Das Komp. *forwyrc(e)an*
hat spätae. *forwyrhte*.

Anm. 4. Bei Verben auf *c* erscheint (wie in der 2. 3. Sg. Ind. Präs. s. § 41
Anm. 2) neben *ct* im Prät. und Part. Pt. oft *ht*, so z. B. *þrycc(e)an* (drücken) *þrycte*
und *þryhte*, ws. *īecan*, *ȳcan* (vermehren) *ȳcte* (*ʒeȳced*) neben *ȳhte* (*ʒeȳht*).

§ 103.

Die Stammform des Participiums Prät. stimmt im
wesentlichen mit der des Prät. überein, besonders hinsichtlich der
Form der Konsonanten. Das Part. geht in der unflektierten Form
auf *-ed* aus bei den Verben § 102, a und b, also *ʒenered*, *ʒefremed* und
ʒedēmed, *ʒehȳred* (*ʒehered*), *ʒefylled*.

Vor Flexionsendungen tritt bei den langsilbigen (§ 102, b)
regelmäßig Synkope ein wie bei *hāliʒ* (vgl. § 70, c und Anm. 3), also
ʒefylled, *ʒefyldes*, *ʒefyldum*, *ʒefylde*. Die kurzsilbigen in § 102, a
haben keine Synkope, also *ʒefremed*, *ʒefremedes*.

Anm. 1. Von *lecʒ(e)an* (§ 102, b) lautet die unflektierte Form *ʒeleʒd*
(*ʒelēd*). Ebenso wird strengws. bei den Verbis auf *t*, *d* die unflektierte Form
mit Synkope gebildet, z. B. *ʒeset(t)*, *āhred(d)* zu *settan*, *āhreddan*, oder *ʒeʒrēt(t)*,

ʒelǣd(d) zu ʒrētan, lǣdan und ebenso vor konsonantischer Endung: ʒeʒrētne,
ʒelǣdne usw. In der späteren Sprache finden sich bisweilen auch andere un-
flektierte Formen mit Synkope.

Anm. 2. In den flektierten Formen finden sich hinsichtlich des e ebenfalls
Schwankungen und Abweichungen von der Norm, besonders später; so z. B.
wenn bei langsilbigen das e auch in die flektierte Form übertragen wird (ʒe-
fyllede, ʒedēmede usw.).

Die Verba mit Prät. nach § 102, c haben auch im Part. nie einen
Mittelvokal, z. B. ʒet(e)ald, ʒeþeaht, ʒesōht, ʒeþōht, ʒeþūht, ʒebrōht (neben
poet. brunʒen) usw.

2. Zweite schwache Konjugation

§ 104. Die Verba dieser Klasse haben germ. einen Stammausgang
auf ô (idg. ā, lat. 1. Konj.) oder erweitert auf -ôj-, der alts. noch
vorliegt neben der got. ahd. herrschenden einfacheren Form auf -ô-
(alts. scauwoian und scauwon). Im Ae. ist das -ôj-, über umgelautetes
-êj- (§ 21, a, § 28 Anm. 1) zu -i- geworden und erscheint im Inf.,
1. Sg. u. Pl. Präs. Ind., Präs. Opt. Sg. u. Pl., Imp. Pl. u. Part. Präs. z. B.
lōcian schauen, wundrian (alts. wundroian) sich wundern, fandian
(alts. fandon) versuchen. Der Stammauslaut -ô- erscheint im Präs.
Ind. 2. 3. Sg. als -a-, im Prät. und Part. Präs. gewöhnlich als -o-,
woran die Endungen antreten, z. B. lōcast, lōcað, lōcode, ʒelōcod.

Die Flexion s. in der Tabelle zu § 88. Es ist dazu zu bemerken,
daß im Präs. für ie sehr oft iʒe, für ia auch iʒ(e)a geschrieben wird,
also lōciʒe, lōciʒ(e)að usw.

Anm. 1. Die Zahl der hierhergehörigen Verba ist sehr groß; besondere
Gruppen sind die Ableitungen auf -nian (got. -nôn), z. B. fæʒnian sich freuen
(got. alts. faginôn), auf -sian (got. -isôn), z. B. rīcsian, rīxian herrschen, auf
-(e)cian, z. B. bedecian bitten. Viele sind auch aus der früheren 3. schw. Konj.
hierher übergetreten, wie þolian dulden (ahd. dolên), hlinian lehnen (ahd.
hlinên) usw.

Anm. 2. Das i im Präsensstamm bildet noch eine selbständige Silbe
(§ 28 Anm. 1); als aus o hervorgegangen bewirkt es keinen i-Umlaut; der ge-
legentlich davor auftretende Velarumlaut, z. B. in hleonian neben hlinian,
ist aus den andern Flexionsformen, wie 2. 3. Sg. hlionast, hlionað, Prät. hlionode,
hleonode (§ 10, 2, B) übertragen.

Anm. 3. Im Prät. Sg. findet sich statt o öfter der Vokal a (lōcade; nament-
lich kent. und angl.), seltener u und e; dagegen ist im Plur. e häufiger (lōcedon);
auch in den flektierten Formen des Part. steht häufig e statt o (D. Pl. ʒelōcodum
und ʒelōcedum).

Anm. 4. Bei einigen Verben mit vokalischem Ausgang (nach Ausfall von *h*, § 8; § 43, b) treten Kontraktionen ein, z. B. *twēoȝan* (aus **twihôian*, ahd. *zwëhôn*) zweifeln, Präs. Ind. *twēoȝe, twēost, twēoð*, Prät. *twēode*.

3. Reste der dritten schwachen (-ê-) Konjugation

§ 105. Die meisten der früher dieser Klasse angehörigen Verba sind ae. in die 2. schw. Konj. übergetreten (§ 104, Anm. 1), von anderen gibt es neben Formen nach der 2. schw. Konj. auch solche nach der 1. schw. Konj. z. B. *fylȝ(e)an — fylȝde* und *folȝian — folȝode* (ahd. *folgên*).

Am meisten Spuren der alten Flexion tragen an sich die vier Verba *habban, hæfde, ȝehæfd* haben; *libban, lifde, ȝelifd* leben; *secȝ(e)an, sæȝde, ȝesæȝd* sagen; *hycȝ(e)an, hoȝde, ȝehoȝod* denken. Charakteristisch ist für diese, daß sie im Prät. -de, im Part. -d ohne Mittelvokal anfügen, während der Präsensstamm vorwiegend den Charakter der 1. schwachen Konj. trägt (Gemination des Konsonanten bzw. Umlaut) und nur in der 2. 3. Sg. Ind., 2. Sg. Imp. die Form der 2. schw. Konj. zeigt; doch werden zumal ws. auch die 2. 3. Sg. Ind. oft nach der 1. schw. Konj. gebildet. Es flektiert also das Präsens:

1. Sg.	2. Sg.	3. Sg.	Pl.	Opt.	2. Sg. Imp.
hæbbe	ʃ(hafas[t]) ＼hæfst	ʃ(hafað) ＼hæfð	habbað	hæbbe	hafa
ʃlibbe ＼(lifȝe)	liofas(t)	liofað	ʃlibbað ＼(lifȝað)	ʃlibbe ＼(lifȝe)	liofa
secȝe	ʃ(saȝas[t]) ＼ sæȝst	ʃ(saȝað) ＼sæȝð	secȝ(e)að	secȝe	ʃ(saȝa) ＼sæȝe
hycȝe	ʃhoȝas(t) ＼hyȝ(e)st	ʃhoȝað ＼hyȝ(e)ð	hycȝ(e)að	hycȝe	ʃhoȝa ＼hycȝe

Anm. 1. Die eingeklammerten Formen der Paradigmen sind im Ws. im allgemeinen nicht üblich. Neben den angeführten ältesten Formen kommen vielfach Umbildungen vor. Von *habban* lautet die 1. Sg. in der (angl.) Poesie auch *hafu, -o (-a)*. — Für *liofast, liofað* heißt es später *leofast* usw. (§ 10, 2), daneben auch *lifast, lyfað*, das Prät. lautet spätws. *leofode (lyfode, lifede)*; dialektisch dringt das *eo* auch in die alten *j*-Formen des Präs. ein, *leofian, leofiað*. — Neben *secȝ(e)an* begegnen oft Formen mit *æ* (*sæcȝan* usw. § 9 Anm. 8); die 2. 3. Sg. Ind., 2. Sg. Imp. heißen spätws. *seȝ(e)st, seȝ(e)ð, seȝe*. Das Prät. auch *sæde, ȝesæd* nach § 42 Anm. 6. — Zu *hycȝ(e)an* lautet das Prät. auch *hoȝode* und *hyȝ(e)de*; im Spätws. ist das ganze Verbum meist in die 2. schw. Konj. übergetreten: *hoȝian — hoȝode*.

Anm. 2. Bei manchen Verben erinnern bindevokallose Prät. neben solchen mit *o* noch an die ehemaligen Bildungen nach Kl. III, so *truwian* trauen (ahd. *trûên*), *truwde* neben *truwode; plaȝian* spielen, *plæȝde* und *plaȝode*. Die Verba *þrēaȝ(e)an* (drohen), *smēaȝ(e)an* (denken), *frēoȝ(e)an* (befreien), *fēoȝan* (hassen) gehen im Ws. ganz wie *twēoȝan* § 104 Anm. 4.

Kap. III. Reste besonderer Verbalbildungen und Flexionsformen

1. Praeteritopraesentia

§ 106. Die Flexion des Präsens dieser Verba ist die der starken Präterita, doch sind als abweichend dabei zu bemerken die 2. Sg. auf -*t* und der *i*-Umlaut im Optativ (vgl. § 90, a). Das Prät. hat die Flexion der schwachen Präterita. — Wir führen die Verba nach den Ablautsreihen auf, denen sie angehören.

I. 1. Präs. 1. 3. Sg. *wāt* ich weiß, 2. Sg. *wāst*, Pl. *witon* (auch *wiotun* nach § 10, Anm. 9), Opt. *wite*, Imp. *wite*; Prät. *wisse, wiste*, Inf. *witan* (auch *wiotan* nach § 10 Anm. 9), Part. *witen* [alts. *wêt wêst, witun, wissa*].

Anm. 1. Ebenso das Kompos. *ȝewitan*. Mit *ne* verschmilzt *wāt* zu *nāt*, Pl. *nyton*, Prät. *nysse, nyste*.

2. Mit Ausgleich des Vokals nach dem Sg. Präs. 1. 3. Sg. *āȝ* (*āh*) ich habe, 2. Sg. *āhst* (nordh. *āht*), Pl. *āȝon*, Opt. *āȝe*, Imp. *āȝe*, Prät. *āhte*, Inf. *āȝan*, Part. Pl. *æȝen* und *āȝen* eigen; mit Negation *nāh*, *nāhte* usw. — [alts. —, *ēgun, êhta*].

II. 3. Präs. 3. Sg. *dēaȝ* (*dēah*) es taugt; Pl. *duȝon*, Opt. alt *dyȝe*, gewöhnl. *duȝe*, Prät. *dohte*, Inf. *duȝan*, — [alts. *dôg, dugun*].

III. 4. Präs. 1. 3. Sg. *an(n), on(n)* ich gönne (dazu Kompos. *ȝeann* gönne und *ofann* mißgönne), Pl. *unnon*, Opt. *unne*, Imp. *unne*, Prät. *ūðe*, Inf. *unnan*, Part. Pt. *ȝeunnen*. — [alts. —, *onsta*].

5. Präs. 1. 3. Sg. *can(n), con(n)*, ich weiß, kann (Komp. *oncann* klage an), 2. Sg. *canst*, Pl. *cunnon*, Opt. *cunne*, Prät. *cūðe*, Inf. *cunnan*, Part. Pt. *oncunnen*. — [alts. *can, canst, cunnun, consta*].

6. Präs. 1. 3. Sg. *þearf* ich bedarf (Komp. *beþarf*), 2. Sg. *þearft*, Pl. *þurfon*, Opt. alt *þyrfe*, gewöhnl. *þurfe*, Prät. *þorfte*, Inf. *þurfan*, dazu Part. Präs. *þearfende* Adj. arm. — [alts. *tharf, tharft, thurbun, thorfta*].

7. Präs. 1. 3. Sg. *dear(r)* ich wage, 2. Sg. *dearst*, Pl. *durron*, Opt. alt *dyrre*, gewöhnl. *durre*, Prät. *dorste*, nordh. auch *darste*, — [alts. *gidar*, *-dorsta*].

IV. 8. Präs. 1. 3. Sg. *sceal* ich soll (spät auch *sceall* und selten *scyl*), 2. Sg. *scealt*, Pl. *sculon*, *scęolon* (spät auch selten *scylon*), Opt. *scyle, sciele, scile, scule, scęole*; Prät. *sc(e)olde*, angl. auch *sculde, scalde*, Inf. *sculan, scęolan*. — [alts. *scal, scalt, sculun, scolda*].

9. Präs. 1. 3. Sg. *man, mon* ich gedenke (Komp. *ȝeman, onman*), 2. Sg. *manst, monst*, Pl. *munon*, Opt. alt *myne*, gewöhnl. *mune*, Imp. *ȝemun, onmun* und *ȝemyne, ȝemune*, Prät. *munde*, Inf. *munan*, Part. Pt. *ȝemunen*. — [alts. *far-man, -manst, -munsta, -monsta*].

Anm. 2. Später finden sich Neubildungen nach Art des st. Präs.: 1. Sg. Ind. Präs. *ȝemune*, 2. Sg. *ȝemunst*, 3. Sg. *ȝemanð*, Pl. *ȝemunað*.

10. Präs. 3. Sg. *be-ȝe-neah* es genügt, Pl. *-nuȝon*, Opt. *-nuȝe*, Prät. *benohte*. — [alts. —].

VI. 11. Präs. 1. 3. Sg. *mōt* ich darf, 2. Sg. *mōst*, Pl. *mōton*, Opt. *mōte*, Prät. *mōste*. — [alts. *môt, môst, môtun, môsta*].

Mit unsicherer Zuteilung: 12. Präs. 1. 3. Sg. *mæȝ* ich kann, 2. Sg. *meaht*, spätws. *miht*, angl. *mæht*, Pl. *maȝon*, Opt. *mæȝe* (spät *maȝe* und ganz jung *muȝe*), Prät. *meahte*, später *mihte*; angl. *mæhte* — [alts. *mag, maht, mugun, mahta, mohta*].

2. Reste der indogerm. Verba auf *-mi*

§ 107. Das Verbum 'sein'. Das Verbum substantivum hat im Ae. zwei verschiedene Präsentia, das eine von der Wurzel *es* bzw. *er/or* mit präsentischer, das andere von der Wurzel *bheu* oft mit futurischer Bedeutung. Die bei Stamm *es* usw. fehlenden Formen werden durch das st. Vb. *wēsan* (abl. V., s. § 95 Anm. 1) ergänzt, welches auch das ganze Prät. stellt.

Die ws. Formen sind:

			alts.
Präs. Ind. Sg. 1.	eom	bēo	bium, -n
2.	eart	bist, byst	bist
3.	is, ys	bið, byð	is, ist
Pl.	sind, -t; synd (-t) sindon, syndon	bīoð, bēoð	sind; sindum

				alts.
Präs. Opt. Sg.	{ sīe (sīo, sēo) ̄	bīo, bēo	1. 3. sī	
	{ sī, sīჳ, sȳ		2. sîs	
Pl.	sīen, sīn, sȳn	bīon, bēon	sîn	
Imp. Sg.	wës	bīo, bēo	wis	
Pl.	wësað	bīoð, bēoð	wësad	
Inf.	wësan	bīon, bēon	wësan	
Prät. Ind. Sg. 1. 3.	wæs	—	was	
2.	wǣre	—	wâri	
Pl.	wǣron	—	wârun	
Opt. Sg.	wǣre	—	1. 3. wâri, 2. wâris	
Pl.	wǣren	—	wârin	

Anm. 1. *bīoð, bīo* usw. sind altws. u. kent. (s. § 19), 1. Sg. Ind. **bīo* ist zufällig nicht belegt. Die Formen *ys, synd, syndon, byst, byð* sind spätws. (s. § 10 Anm. 4). Der Opt. *sī(e)* (*sȳ*), *sī(e)n* (*sȳn*) kommt ws. nach dem 10. Jahrh. nur mehr selten vor.

Anm. 2. Für den Ind. Präs. von der idg. Wurzel *es—or* sind die angl. Formen: Sg. 1. *eam, am,* 2. *earð, arð,* 3. *is,* Pl. *earun, aron.* Auch in der Poesie kommen *eam, earð* und *earun, -on* vor. — Vom Stamm *bheu* lautet angl. die 1. Sg. *bīom,* merc. auch *bēom,* der Pl. nordh. *biðon,* seltener *bioðon* (mit Velarumlaut) und *bīað* (nach der regelm. Verbalflexion), merc. *bīoð, bēoð* und *beoðan.* Kent. sind Pl. *siondon, seondon* (wahrscheinl. Velarumlaut) und Opt. *sīo, sion;* Opt. *sēo, sēon* kommt auch in nicht strengws. Texten vor, *seondon* in poet. Texten.

Anm. 3. Statt ws. *wǣre, wǣron, -en* steht angl. kent. *wēre, wēron, -en* nach § 12, nordh. auch *wōere, wōeron.* Inf. und Ind. Pl. lauten nordh. *wosa, wosað* nach § 10, Anm. 11. Für das Prät. Sg. *wæs* steht ws. enklitisch öfter *was.*

Anm. 4. Verschmelzung der Negation *ne* mit Stamm *es* und *wes: neam (nam), nis, nearun; næs, (nas), nǣre, nǣron (nēre, nēron).*

§ 108. Das Verbum 'wollen' (nebst 'nicht wollen').

ws. Präsens:

		ws.		alts.
Ind. Sg.	1.	wille	nel(l)e (nyl[l]e)	williu, welliu
	2.	wilt	nelt (nylt)	wili, wilis, wilt
	3.	wile (wille)	nel(l)e (nyl[l]e)	wili (wilit)
	Pl.	willað	nellað (nyllað)	welliad, williad
Opt. Sg.		wille (wile)	nelle (nylle)	wellie, willie
	Pl.	willen (wilen)	nellen (nyllen)	*usw.*
Imp. Pl.		—	nellað (nyllað)	—
	Inf.	willan	—	wellean, willian
	Part.	willende		

Präteritum:

		ws.		alts.
Ind.		wolde *usw.*	nolde *usw.*	wëlda, wolda *usw.*

Anm. 1. Die eingeklammerten Formen sind seltener. Die kent. Formen stimmen im allg. mit den ws. überein, ebenso die merc., doch lautet hier (Vesp. Ps.) das Part. Präs. *wellende*, das Prät. *walde* (*nalde*, Rushw.[1] *wolde, nolde*). Nordh. sind: Ind. 1. Sg. *willo*, 2. *wilt*, 3. *wil*, Pl. (auch Imp.) *wallas, -að*, Opt. *wælle, welle*, Prät. *walde*.

Anm. 2. Spätws. sind Formen mit *y* statt *i* (*wylle* usw.) häufig, s. § 10 Anm. 4.

§ 109. Das Verbum *'tun'*.

ws. Präsens:			alts.
Ind. Sg. 1.	dō		dôm, duom
	2.	dēst	dôs, duos
	3.	dēð	dô(i)d, duod
	Pl.	dōð	dôd, duod, duad
Opt. Sg.	dō		dua, due, dôe
	Pl.	dōn	duon, duan, dôen, duoian
Imp. Sg.	dō		dô, duo
	Pl. 1.	dōn	—
	2.	dōð	dôd, duot, duat
Inf.	dōn, *flekt.* dōnne		dôn, duon, duan, dôan
Part.	dōnde		—
Präteritum:			
Ind. Sg. 1. 3.	dyde		dëda
	2.	dydes(t)	dëdos, dâdi
	Pl.	dydon	dëdun, dâdun
Opt. Sg.	dyde		dëdi, dâdi
	usw.		*usw.*
Part. pt.	ӡedōn		gidôn, -dôen, -duan

Anm. Angl. lautet Präs. Ind. Sg. 1. *dōm*, 2. *dōes(t)*, 3. *dōeþ*, Pl. *dōþ, dōaþ* (Endung d. st. Vb.), Opt. *dō, dōe, dōa*, Inf. *dō(n), dōa(n)*, flekt. *dōanne*, Part. *dōende*; Prät. Ind. Sg. *dyde*, Pl. *dydun, dēdun*, Opt. *dyde* (*-en*); Part. Pt. *ӡedōen*. Die Formen mit *ōe* sind zweideutig (zweisilbig oder Umlauts *-ōe*). Vereinzelt finden sich Prät. Pl. *dædun*, Opt. *dæde* in poet. Texten, ebenso ein Part. Pt. *ӡedēn* (*fordēn*).

§ 110. Das Verbum ӡān gehen (neben ӡanӡan § 99, a u. Anm. 2).

1. Präsens:

Ind. Sg. 1.	ӡā	2.	ӡǣs(t)	3.	ӡæð	Pl.	ӡāð
Opt. Sg.	ӡā	Pl.	ӡān				
Imp. Sg. 2.	ӡā	Pl.	ӡāð				
Inf.	ӡān	Part. präs.	ӡānde				

2. Part. prät. ӡeӡān.

3. Präteritum. Ind. *ēode*, Opt. *ēode* (schwach flektiert), vgl. got. *iddja*, doch ist der etymol. Zusammenhang unsicher und unklar.

Anm. Im Alts. ist das (ahd. reich entwickelte) Verbum *gân* nur spärlich belegt (3. Sg. *gêd*, Inf. *gân*).

Wörterverzeichnis

Die Zahlen beziehen sich auf die Paragraphen. *æ* ist als *a e*, *þ* (*ð*) zwischen *t* und *u* eingeordnet. *ë* ist nicht besonders bezeichnet.

An erster Stelle stehen die altws. Formen, soweit solche im Text angeführt sind. Spätere ws. Formen sind von ihnen durch Beistriche getrennt. Formen anderer Mundarten stehen in Klammern. Rückverweise finden sich nur für Formen, deren altws. Lautstand nicht leicht zu erschließen ist, so insbesondere nicht für engl. *a* statt ws. *ea* vor *l*, *r* + Kons. (§ 9, 2, c), *ĕo* für *ĭo* (§ 10, 2; § 19), *o* neben *a* vor Nasal (§ 9, 1), *œ̆* für *ē* (§ 10, Anm. 4; § 11; § 15). Auf Flexions- oder Stammformen, die vom N. Sg. oder Inf. abweichen, ist nur verwiesen, wenn sie von der vorherrschenden Bildungsart stark abweichen, so vor allem auch nicht auf die verschiedenen Stammformen der starken Verba. Pronomina sind nur nach dem N. Sg. (mask.) aufgenommen.

bedecian sw. Vb. 104 Anm. 1.

beʒeanda Adv. s. beʒeondan.

bēʒen (boēʒen), bā, bū, Num. 76 Anm.

beʒeondan (beʒeanda) Adv. 9 Anm. 3.

behelian sw. Vb. 101 Anm. 1.

belʒan st. Vb. 42 Anm. 4.

bēo Sb. 60, 1.

bēodan (bēada) st. Vb. 11. 19 u. Anm. 3. 92.

bēon Vb. subst. 107 und Anm. 1. 2.

beoran st. Vb. s. beran.

beorʒ (berʒ) Sb. 6 Anm. 1.

beorht Adj. 10, 2, A, a.

beornan st. Vb. s. birnan.

beran (beoran, beara) st. Vb. 10 Anm. 8 u. 10. 90, c. 94.

berʒ Sb. s. beorʒ.

bersten st. Vb. 9 Anm. 10. 93 Anm. 3.

bet Adv. Komp. 75.

bētan sw. Vb. 26, d.

bet(e)ra, bet(e)st(a) Adj. Komp. Sup. 75.

betwēoh, betwīoh (betwīh), betwuh betwēon(an) Präp. 10 Anm. 11. 14 u. Anm. 1. 27 Anm. 3.

bī, biʒ Präp. 14 Anm. 2.

bī(e)cnan, bȳcnan (bēcnan) sw. Vb. 18. 102 Anm. 1.

biddan st. Vb. 10, 1 u. Anm. 2. 37 u. Anm. 1. 95.

bi(e)rhtu, byrhtu Sb. 6 Anm. 1. 10, 2, A, a.

biernan st. Vb. s. birnan.

biʒ Präp. s. bī.

bindan st. Vb. 10, 1. 11. 20. 88, A, 2 u. Anm. 1, a. b. d; Anm. 2, a u. Anhang. 93, a.

birce Sb. 10 Anm. 7.

birhtu Sb. s. bierhtu.

birnan, biernan, byrnan (beornan, biorna) st. Vb.; Prät. Sg. barn, born 9 Anm. 4. 29 Anm. 93 Anm. 1.

bītan st. Vb. 10, 1. 38 Anm. 4.

bite Sb. 10, 1.

bit(t)er Adj. 26, c.

blæc Adj. 70, b.

blandan, blondan st. Vb. 98 Anm. 1.

blāwan st. Vb. 12 Anm. 3.

blicet(t)an sw. Vb. 26 Anm. 2. 101.

blind Adj. 10, 1.

bliss, blīðs Sb. 38 Anm. 4.

blīðe Adj. 69 Anm. 1. 71.

blīðs Sb. s. bliss.

blōtan st. Vb. 99.

blōwan st. Vb. 99.

bōc Sb.; Pl. bēc (boēc) 15. 61.

bōcere Sb. 47.

boda Sb. 11.

boʒa Sb. 42.

bohte Prät. s. bycʒ(e)an sw. Vb.

born Prät. s. birnan st. Vb.

botl Sb. 38 Anm. 3.

brecan st. Vb. 12, b. 94.

brēdan st. Vb. s. breʒdan.

brēfian sw. Vb. 34.

breʒden, brēdan st. Vb. 42 Anm. 6. 93 Anm. 3.

brenʒ(e)an sw. Vb.; brinʒan st. Vb.; Prät. brōhte, Part. Pt. ʒebrōht brunʒen 12, d. 31. 33. 102, c. 103.

brōc Sb. 63.

brōʒa Sb. 59 Anm. 1.

brōhte Prät. s. brenʒ(e)an sw. Vb.

brōðor Sb. 65 u. Anm. 2.

brūcan st. Vb. 92 Anm. 1.

bryce Adj. 69 Anm. 1.

brycʒ Sb. 42. 52, b.

bū Num. s. bēʒen.

būan st. Vb. 99 Anm. 1.

bucca Sb. 11 Anm. 1. 26, a.

būʒan st. Vb. 92 Anm. 1.

burʒ, burh, burʒh Sb. 11. 42 Anm. 4. 63 u. Anm. 1. 2.

bū(w)ian sw. Vb. 99 Anm. 1.

bycʒ(e)an sw. Vb.; Prät. bohte 102, c.

bȳcnan s. bīecnan sw. Vb.

byrian sw. Vb. 101.

byrnan st. Vb. s. birnan.

cæʒ Sb. 52 Anm. 4.

cælf Sb. s. cealf.

cæstre Sb. s. ceastre.

calf Sb. s. cealf.

can Vb. prto.-prs. s. cunnan.

Cantware Sb. 56.

caru, cearu Sb. 9 Anm. 13. 41.

cealf, celf (calf, cælf) Sb. 9 Anm. 11. 41. 67 u. Anm. 1. 2.

cearu Sb. s. caru.

ceastre (cæstre) Sb. 9, 2, d.

celf Sb. s. cealf.

cēn Sb. 13.

cēne Adj. 41. 71.

ceole Sb. 10 Anm. 8. 60, 1.

cēosan st. Vb. 18 u. Anm. 2. 19. 25. 39. 41. 88 A, 2 u. Anhang. 89 Anm. 1, b. 92.

cēowan st. Vb. 92.

cēse Sb. s. cȳse.

cī(e)ʒan sw. Vb. 101 Anm. 4.

cild Sb. 41. 67 Anm. 2.

cinninʒ Sb. s. cyninʒ.

cinu Sb. 60 Anm. 1.

cirice, cyrice Sb. 10 Anm. 4.

clēa, clawu Sb.; G. clawe 9, 2, b. 18 Anm. 1. 27. 53 Anm. 1.

clif Sb. 10 Anm. 9. 46.

clipian, clypian sw. Vb.; Prät.
cliopude, cleopode 10, 2,
B u. Anm. 4.
cnæht s. cneoht.
cnāwan st. Vb. 12 Anm. 3.
41. 99, d.
cneoht (cnæht) Sb. 10 Anm. 7.
cnēo(w) Sb. 10 Anm. 13. 19
Anm. 1. 48.
cnyssan sw. Vb. 102, a und
Anm. 1.
con Vb. prto.-prs. s. cunnan.
condel Sb. 52, c.
cops, cosp Sb. 39 Anm. 3.
cū Sb. 15 Anm. 2. 41. 63.
cucu Adj. s. cwucu.
cuman st. Vb. 94 Anm. 1.
cunnan Vb. prto.-prs.; Sing.
can, con usw. 31 Anm. 2.
106, 5.
cūð Adj. 11 Anm. 2.
cwalu Sb. 50, a.
cwellan sw. Vb. 102, c.
cwēn (cwōen) Sb. 12, d. 41.
55, 3.
cwene Sb. 60, 1.
cweorn Sb. 57.
cweðan st. Vb. 10, 1 u. Anm.
2. 12, a. 25. 27. 95.
cwic(u) Adj. s. cwucu.
cwide Sb. 10 Anm. 2. 25.
cwucu, cucu (cwic[u]) Adj.
27 Anm. 3. 69 Anm. 2.
cyme Sb. 56.
cyninᴣ. cininᴣ Sb. 11 Anm.
5. 41. 42 Anm. 5. 45.
cyn(n) Sb. 20 Anm. 1. 47.
cyre Sb. 25.
cyrice Sb. s. cirice.
cȳse (cēse) Sb. 12 Anm. 2.
cyssan sw. Vb. 39. 102
Anm. 2.
cȳðan sw. Vb. 11 Anm. 2
102 Anm. 2.

dǣd (dēd) Sb. 55, 3.
dæᴣ Sb., Pl. daᴣas 7 Anm.
2. 9, 2, a. b u. Anm. 6.
7, 13. 20. 31 Anm. 4. 37.
42. 45. u. Anm.
dæl Sb. 46.
Dāuid Eign. 34 Anm. 1.
dēaᴣ, dēah Vb. prto.-prs.
s. duᴣan.
dēar Sb. s. dēor.
dear(r) Vb. prto.-prs. 106, 7.
dēd Sb. s. dǣd.
dēman (dōeman) sw. Vb. 15.
28. 88 Anm. 1, c u. An-
hang. 101. 102, b. 103 u.
Anm. 2.
dēmend Sb. 66 Anm. 3.
Dene Sb. Pl. 56 u. Anm. 2.
dēofol, -īo- Sb. 19 Anm. 1.
21, b u. Anm. 1.
dēor (dēar) Sb. 19 Anm. 3.
dēore, -īo- Adj. 19 Anm. 3.
dōeᴣ Sb. 67 u. Anm. 1.
dohtor Sb.; D. Sg. dehter
(doehter) 11. 65 u. Anm. 2.
dōm Sb. 15. 45 u. Anm.
dōn Vb. 90 Anm. 1. 109 u.
Anm.
-drǣdan st. Vb. s. ondrǣ-
dan.
drenc Sb. 55, 1.
drīfan st. Vb. 10 Anm. 9.
37. 90, c.
drihten s. dryhten.
drincan, dryncan st. Vb. 10
Anm. 4.
dryhten, drihten Sb. 11 Anm.
5. 43 Anm. 4.
dryncan st. Vb. s. drincan.
duᴣan Vb. prto.-prs.; Ind.
dēaᴣ, -h usw. 106, 3.
duᴣuð, -oð Sb. 31 Anm. 3.
durron Vb. prto.-prs. Pl. s.
dear(r).
duru Sb. 57 u. Anm. 2.

dweorᴣ (dwerᴣ) Sb. 10
Anm. 7.
dyn(n) Sb. 47.
dyrne Adj., Adv. 71 Anm. 3.
dyre, -u D. Sg. s. duru.

ēa Sb. 9 Anm. 14. 63.
ēac (ēc) Adv. 18 u. Anm. 2.
ēadiᴣ Adj. 70, c.
eafora Sb. s. afora.
ēaᴣe Sb. 60, 2 u. Anm. 4.
eahta, ehta (æhta) Num. 9,
2, c u. Anm. 11. 43. 77.
eahtoða Num. 81.
eald (ald) Adj.; Komp.
i(e)ldra, yldra (eldra, æl-
dra); Sup. -est(a) 9, 2, c
u. Anm. 9. 21 Anm. 2.
70, a. 74, 2 u. Anm. 1. 2.
eall (all) Adj. 9, 2, c.
ealu Sb. 9, 2, e u. Anm. 13.
68.
earbed s. earfoð
ēare Sb. 60, 2 u. Anm. 4.
earforð (earbed) 34 Anm. 1.
earm Adj. 9, 2, c. 74, 1. 2
u. Anm. 3.
ēastron, -un Sb. Pl. 60
Anm. 2.
ēaðmettu Sb. 38 Anm. 4.
50, c.
ēawan sw. Vb. s. īewan.
ēc Adv. s. ēac.
edor Sb. 10 Anm. 8.
efn, emn, em Adj. 31 Anm.
5. 34 Anm. 3.
efnan sw. Vb. 102 Anm. 1.
ēᴣ Sb. s. īeᴣ.
eᴣlan sw. Vb. 102 Anm. 1
eᴣle Adj. 69 Anm. 2.
ehta Num. s. eahta.
ēhtan sw. Vb. 12, d. 102
Anm. 2.
eldra, -est Komp. Sup. s.
eald Adj.

ele Sb. 11.
elh Sb. s. eolh.
eldu Sb. s. yldu.
em(n) Adj. s. efn.
ende Sb. 20 Anm. 1. 47. u.
  Anm. 1.
endleofan (-lefan usw.)
  Num. 77.
enȝel Sb. 21, b. 45.
Enȝle Sb. Pl. 55, 1.
enne Akk. Sg. s. ān Num.
ēode Prät. s., ȝān Vb.
eofor Sb. 21, a.
eolh (elh) Sb. 10 Anm. 7.
eoh Sb. 45.
eom usw. Vb. subst. 10
  Anm. 4. 14 Anm. 2. 107
  und Anm. 1. 2. 4.
eorðe Sb. 60, 1.
eornan st. Vb. s. irnan.
eornest Sb. 21 Anm. 2.
eosol Sb. 10 Anm. 12.
eoton Sb. 21, b.
ēower (īuer) Pron. poss. 82
  Anm. 3.
eowian sw. Vb. 101 Anm. 3.
eowu, e(o)we Sb. 10 Anm.
  12. 52 Anm. 2.
erian sw. Vb. 98 Anm. 4.
ermðu s. iermðu.
ēsa G. Pl. s. ōs Sb.
ēst Sb. 31. 55, 3.
etan st. Vb. 12, a. 36. 95 Anm. 3.
exen Pl. s. oxa.

fador Sb. s. fæder.
fǣcne Adj. 71 Anm. 2.
fæder (fador) Sb. 9, 2, a. 35.
  65 u. Anm. 1. 2.
fæȝen Adj. 9, 2, a.
fæȝer Adj. 21, c u. Anm. 4.
  70, c u. Anm. 3. 74, 1.
fæȝnian sw. Vb. 104 Anm. 1.
fæstan sw. Vb. 9, 2, a.
fæsten Sb. 47 Anm. 3.

fæt Sb. 7 Anm. 2. 9 Anm.
  7 u. 13. 46.
fandian sw. Vb. 104.
faran st. Vb. 9 Anm. 5 und
  13. 31 Anm. 4. 96.
feala Adv. s. fela.
feallan st. Vb. 26, a.   88
  Anm. 1, a u.   Anhang,
  90. a. b.
fēawe, fēa Adj. Pl. 72 Anm. 1.
feax Sb. 39 Anm. 2.
fecc(e)an s. fetian.
fēfor Sb. 34.
feh Sb. s. feoh.
fehtan st. Vb. s. feohtan.
fela, feala (feola) Adv. 10
  Anm. 8 u. 10. 57 Anm.
  3. 70 Anm. 4.
feld Sb. 57 u. Anm. 1.
fenȝ Sb. 55, 1.
fēoȝan sw. Vb. 105 Anm. 2.
feoh (feh) Sb. 6 Anm. 1. 10,
  2, A, c. 57 Anm. 3.
feohtan (fehtan) st. Vb. 10,
  2, A, c. 93, b.
feola Adv. s. fela.
fēolan st. Vb. 10, 2, A, b.
  43, b. 93 Anm. 5.
fēond, -īo- Sb. 19 Anm. 1.
  66 Anm. 2.
feor Adv. 75.
feorh, -ȝ (ferh) Sb. 10, 2, A,
  a u. Anm. 7. 43, b. c u.
  Anm. 5. 46.
fēower Num. 77.
fēowertiȝ Num. 78.
ferh Sb. s. feorh.
fetian, fecc(e)an sw. Vb. 41
  Anm. 3.
fīf Num. 10 Anm. 3. 31.
  35. 77.
fīfta Num. 81.
fīftiȝ Num. 78.
findan st. Vb. 31. 93 Anm. 2.
finȝer Sb. 21, c. 40 Anm. 2. 45.

firen Sb. 50, c.
fisc Sb., Pl. fixas 39 und
  Anm. 3.
fiscere Sb. 47.
fixas Pl. s. fisc.
flǣsc Sb. 55, 2, a.
flēam Sb. 43, c.
flēan st. Vb. 96 Anm. 4.
flēoȝan st. Vb. 92 Anm. 3.
flēon st. Vb. 43, c. 92 Anm. 3.
flēos, flīes, flȳs Sb. 55, 2, a.
flōd Sb. 20 Anm. 1.
flōr Sb. 57.
flȳs Sb. s. flēos.
folctoȝa Sb. 25.
folȝian sw. Vb. 105.
fōn st. Vb. 8. 12, d. 31
  Anm. 1. 43, c. 88, A, 3
  und Anhang. 90 Anm. 2.
  98 Anm. 1.
fore Adv. 75 u. Anm. 1.
forma Adj. Sup. 75 Anm. 1;
  Num. 81.
formest Num. 81.
forwyrc(e)an sw. Vb. 102
  Anm. 3.
fōt Sb., Pl. fēt (fōet) 61. 62
  u. Anm. 2.
Francan Sb. Pl. 59 Anm. 1.
frēa Sb. 59.
freme Adj. 69 Anm. 1.
fremman, fremian sw. Vb.
  28 Anm. 1. 88, B, 1 u. Anh.
  101 u. Anm. 1. 6. 103.
frēo Adj., Pl. frīȝe usw. 28.
  71 Anm. 1.
frēoȝ(e)an sw. Vb. 105 Anm. 2.
frēols Sb. 22 Anm.
frēond, -īo- Sb. 19 Anm. 1.
  66 u. Anm. 1.
frēondscipe Sb. 56.
freoðu- Sb. s. friðu-.
fretan st. Vb. 95 Anm. 3.
fricȝ(e)an st. Vb. 95 Anm. 5.
frīȝe Adj. Pl. s. frēo.

habban sw. Vb. 9, 2, b u. Anm. 8. 33. 105 u. Anm. 1.
hād Sb. 57.
hæftan sw. Vb. 9, 2, a. 35.
hæʒtes Sb. 52, c.
hæl Sb. 67 u. Anm. 1.
hælan sw. Vb. 17.
hæle Sb. 68 Anm.
hæleð Sb. 9 Anm. 8. 20. 68 u. Anm.
h͞ēlu Sb. 51.
hafela, -ola Sb. 9, 2, b.
hafoc, -uc Sb. 9, 2, b. 21, a.
hāl Sb. 17. 30; Adj. 70, a.
hāliʒ Adj. 21, b. 70 c.
hāliʒnes Sb. 52, c.
hana, hona Sb. 59.
hand, hond Sb. 57 u. Anm. 2.
hara Sb. 9, 2, b.
hātan st. Vb. Prät. heht, hēt 13. 97 Anm. 98 und Anm. 3.
h͞ĕ usw. Pron. pers. 83 und Anm.
hēafod Sb. 21, b. 46.
hēah (h͞ēh) Adj. Komp. hī(e)rra, hȳrra (h͞errra); Sup. hī(e)hst(a), hȳhst(a) (hē[h]st[a]) 18 u. Anm. 2. 43, b. c u. Anm. 6. 70, a u. Anm. 2. 73 Anm. 2. 74 Anm. 2.
healdan (haldan) st. Vb. 37. 38 Anm. 3. 99.
hēalic Adj. 43, c.
heal(l) (hall) 50, b.
heard Adj. 69 Anm. 2.
hearʒ Sb. 57, a.
hēawan st. Vb. 99.
hebban st. Vb. 34 Anm. 2. 88, A, 2 u. Anm. 1, c u. Anhang. 96.
hēʒ Sb. s. hīeʒ.
hēʒan sw. Vb. 101 Anm. 4.
hēh Adj. s. hēah.

heht Prät. s. hātan.
hell Sb. 52, b.
helpan st. Vb. 10, 1 und Anm. 2. 11. 32. 36 Anm. 1. 38 Anm. 4. 88 Anm. 2, a. 3 u. Anhang. 90 Anm. 1. 93, b.
hēof Prät. 99 Anm. 3.
hēofan st. sw. Vb. 92 Anm. 4. 99 Anm. 3.
heofon Sb. 10, 2, B. 45.
heolor Sb. 10, 2, B.
heorde Sb. s. hierde.
heorte Sb. 10, 2, A, a. 36. 60, 1.
heorut, -ot Sb. 10, 2, B.
hēr Adv. 13.
hēran sw. Vb. s. hīeran.
here Sb., N. Pl. herʒas, heriʒ(e)as 28. 43, a. 47 Anm 4.
heretoʒa Sb. 25.
hete Sb. 56,
hettend Sb. 66.
hī(e)ʒ (hēʒ) Sb. 47 Anm. 5.
hī(e)hst(a) Sup. s. hēah Adj.
hī(e)ran, hȳran (hēran) sw. Vb. 18. 101. 102, b. 103.
hi(e)rde, hyrde (heorde) Sb. 10, 2, A, a. 47.
hī(e)rra Komp. s. hēah Adj.
hiʒe Sb. s. hyʒe.
hild Sb. 52, a.
hindema Adj. Sup. 75 Anm. 1.
hīw (hēow) Sb. 19 Anm. 1.
hīwan, hīʒan Sb. Pl. 59 Anm. 2.
hlæhhan sw. Vb. s. hli(e)hhan.
hlæw Sb. s. hlāw.
hlāf Sb. 43, a.
hlāford Sb. 22. 27 Anm. 2.
hlāw, hlæw Sb. 48.
hlēapan st. Vb. 99.
hleonian sw. Vb. s. hlinian.
hli(e)hhan, hlyhhan (hlæhhan) sw. Vb. 43, c. 96 Anm. 5.

hlinian (hleonian) sw. Vb. 104 Anm. 1. 2.
hlūtor Adj. 21, c.
hlyhhan s. hli(e)hhan.
hlynnan sw. Vb. 101.
hnæʒ(e)an sw. Vb. 101.
hnīʒan st. Vb. 43, a.
hnitu Sb. 63.
hnutu Sb. 61.
hof Sb. 46.
hoʒian sw. Vb. s. hycʒ(e)an.
hold Adj. 11.
hōn st. Vb. 98 Anm. 1.
hord Sb. 24.
hordern Sb. 22.
hors Sb. 29 Anm.
hracu Sb. 60, Anm. 1.
hræfn, hræm(n) Sb. 21 Anm. 3. 26, d. 31 Anm. 5.
hreddan sw. Vb. 102, b.
hrēow Sb. 53.
hrēowan st. Vb. 92 Anm. 4.
hrēð Sb. 67 u. Anm. 1.
hrinʒ Sb. 10, 1. 43, a.
hrīðer, hrȳðer Sb. 67.
hrōpan st. Vb. 99, c.
hrycʒ Sb. 42 u. Anm. 7. 47.
hrȳðer s. hrīðer.
hū Adv. 15 Anm. 2. 27 Anm. 3. 86 Anm. 1.
hund Num. 78. 79.
hundred Num. 79.
hunʒriʒ Adj. 42 Anm. 3.
hūs Sb. 16.
hwā usw. Pron. inter. 9 Anm. 1. 27. 86 u. Anm. 1.
hwæt Adj. 9 Anm. 5. 21 Anm. 1. 70, b. 74, 1.
hwæðer pron. Adj. 87.
hweowol Sb. 10 Anm. 13.
hwēsan st. Vb. 99 Anm. 5.
hwilc pron. Adj. 87.
hwīt Adj. 43, a.
hwonne Konj. 9 Anm. 1.
hwōpan st. Vb. 99.

hycʒ(e)an, hoʒian sw. Vb.
  105 u. Anm. 1.
hȳd Sb. 55, 3.
hyʒe, hiʒe Sb. 11 Anm. 5.
  20 Anm. 1. 56.
hȳhst(a) Sup. s. hēah.
hyldu, -o Sb. 11. 51.
hȳn sw. Vb. 101 Anm. 4.
hynʒran, hynʒrian sw. Vb.
  101 Anm. 6. 102 Anm. 1.
hȳran sw. Vb. s. hīeran.
hyrde Sb. s. hierde.
hȳrra Komp. s. hēah Adj.
hȳð Sb. 52, a.

ic usw. Pron. pers. 24. 31.
  82 u. Anm. 1.
īecan, ȳcan sw. Vb. 102
  Anm. 4
ī(e)ʒ (ēʒ) Sb. 52 Anm. 4.
i(e)ldra, -est(a) Komp. Sup.
  s. eald.
iermðu, yrmðu (ermðu, ærm-
  ðu) Sb. 9, 2, c. u. Anm. 9.
iernan st. Vb. s. irnan.
īewan, ȳwan (ēawan), eowian
  sw. Vb. 101 Anm. 3.
-iʒ Adj. Suffix 70, c.
-ihte Adj. Suffix 71.
īl Sb. 42 Anm. 3.
ilca pron. Adj. 87.
iorna st. Vb. s. irnan.
īren Adj. 70, c.
irnan, iernan, yrnan (eornan,
  rinnan) st. Vb. 9 Anm. 4.
  29 Anm. 93 Anm. 1.
īuer Pron. poss. s. ēower.
iunʒ s. ʒeonʒ.

lācan st. Vb. (Prät. leolc) 97
  Anm. 98.
lǣce Sb. 47.
lǣdan sw. Vb. 37 Anm. 1.
  103 Anm. 1.
lǣden Adj. 9 Anm. 8.

lǣne Adj. 43, c.
lǣran sw. Vb. 30.
lǣs Adv. Komp. 75.
lǣssa Komp. Adj.; Sup.
  lǣs(es)t 75.
lǣt Adj. 75 Anm. 1.
lǣtan (lētan, Prt. leort) st.
  Vb. 12, a. 97 Anm. 98.
lǣtemest Adj. Sup. 75 Anm. 1.
lǣwan sw. Vb. 12, b.
lamb, lomb (lemb) Sb. 33. 67
  u. Anm. 1. 2.
lanʒ, lonʒ Adj.; Komp. Sup.
  lenʒra, -est(a) 21 Anm. 2.
  74 Anm. 1.
lappa Sb. 9, 2, b.
lēan st. Vb. 96 Anm. 4.
lecʒ(e)an sw. Vb. 26, b. 102, b.
  103 Anm. 1.
leʒer Sb. 46, c.
lenʒ Komp. Adv. 75 Anm. 2.
lenʒra, -est(a) Komp. Sup.
  s. lanʒ Adj.
lēo Sb. 59 u. Anm. 2.
lēode Sb. 19 Anm. 2. 20
  Anm. 1. 55, 1.
leofian sw. Vb. s. libban.
lēoʒan (lēʒa) st. Vb. 19 Anm. 4.
lēoht (lēht) Sb. 19 u. Anm. 4.
lēoht Adj. 14.
lēohtan sw. Vb. s. līehtan.
leolc Prät. s. lācan.
lēon st. Vb. 14 u. Anm. 1.
leort Prät. s. lǣtan (lētan).
lesan st. Vb. 95 Anm. 1.
lētan st. Vb. s. lǣtan.
Lēui Eign. 34 Anm. 1.
libban, lybban, lifʒan (leo-
  fian) sw. Vb. 10 Anm. 4.
  9. 105 u. Anm. 1.
-lic Adj. Suffix 70, b.
liccian sw. Vb. 10, 1.
licʒ(e)an st. Vb. 12, b. 95
  Anm. 5 u. 6.
lī(e)htan, lȳhtan, lēohtan sw.

Vb. 19 u. Anm. 4. 101
  Anm. 3.
lifer Sb. 10, 1.
lifʒan sw. Vb. s. libban.
līðan st. Vb. 38.
lōcian sw. Vb. 21 Anm. 2.
  41. 88, B, b u. Anhang.
  104 u. Anm. 3.
lōc(a)hwā Pron. indef. 86
  Anm. 2.
lūcan st. Vb. 16. 92.
lufian sw. Vb. 11 Anm. 1.
lufu Sb. 50, a u. Anm. 2.
lūs Sb. 63.
lūtan 92 Anm. 1.
lybban sw. Vb. s. libban.
lȳhtan sw. Vb. s. lī(e)htan.
lȳsan sw. Vb. 39. 102
  Anm. 2.
lȳtel Adv. 70, c u. Anm. 4. 75.

mā (mǣ) Komp. Adv. 75.
macian sw. Vb. 9, 2, b. 21, a.
  28 Anm. 1. 40 Anm. 2. 41.
mādmas Sb. Pl. s. māðum.
mǣ Komp. Adv. s. mā.
mǣd Sb., G. mǣdwe 27. 53
  u. Anm. 1.
mǣʒ Sb. 12, b.
mæʒ Vb. prto.-prs. 106, 12.
mæʒen Sb. 9, 2, a.
mæʒ(e)þ Sb. 68 u. Anm. 1.
mæht Sb. s. meaht.
mærʒ Sb. s. mearʒ.
man(n), mon(n) Sb., Pl. men(n)
  9, 1. 31. 62 u. Anm. 1.
man, mon Vb. prto.-prs. s.
  munan.
maniʒ, moniʒ Adj. 70, c.
manna, monna Sb. 62 Anm. 1.
māra Komp. Adj., Sup. mǣst
  (māst) 24. 29. 75.
māðum Sb. 21, c u. Anm. 4.
  38 Anm. 3.
māwan st. Vb. 12 Anm. 3.

meaht, mi(e)ht, myht (meht, mæht) Sb. 9, 2, c. 55, 3.
mearc Sb. 50, b.
mearʒ (mærʒ) Sb. 6 Anm. 1. 9 Anm. 10.
mēce Sb. 12 Anm. 1. 47.
medu (meodu) Sb. 10 Anm. 8. 57.
meht Sb. s. meaht.
melcan st. Vb. 10 Anm. 5.
melu Sb. s. meolu.
meni(ʒ)o Sb. 42 Anm. 3. 51.
meodu Sb. s. medu.
meol(o)c, -io- Sb. 63 Anm. 4.
me(o)lu Sb., G. me(o)lwes 27. 48. Anm. 1.
meowle Sb. 60, 1.
merʒen, meri(ʒ)en Sb. 42 Anm. 3.
metan st. Vb. 95.
micel, mycel Adj. 10 Anm. 4. 21, a u. Anm. 1. 70, c. 75.
micles Adv. 70 Anm. 4.
mid Adj. 71. 75 Anm. 1.
midmest Adj. Sup. 75 Anm. 1.
mi(e)ht Sb. s. meaht.
milds, milts Sb. 37 Anm. 1. 52, a.
mīn Pron. poss. 14. 82 u. Anm. 3.
mislic Adj. 22.
mōdor Sb., D. Sg. mēder 65 u. Anm. 2.
mōna Sb. 12, d. 59.
mōnaþ Sb. 68 u. Anm.
mōt Vb. prto.-prs. 106, 11.
munan Vb. prto.-prs., Ind. Sg. man, mon usw. 31, Anm. 2. 106, 9 u. Anm. 2.
murnan st. Vb. 11 Anm. 1. 93 Anm. 7.
mūs Sb. 63 u. Anm. 1.
mūð Sb. 45.
mycel Adj. s. micel.
myht Sb. s. meaht.

nacod Adj. 9, 2, b. 21, b.
nǣdl (nēdl) Sb. 12, a. 21 Anm. 3. 38 Anm. 3. 50, b.
næht Sb. s. neaht.
nǣniʒ pron. Adj. 87.
nāhwæðer, nāwðer, nāðer pron. Adj. 87.
nama, noma Sb. 9, 1.
nān pron. Adj. 87.
nā(w)ðer pron. Adj. s. nāhwæðer.
nēah (nēh) Adv.; Komp. nēar(ra), Sup. nī(e)hst(a) -ȳ- (nēhst[a], nēxt[a]) 12, c. 43 Anm. 3. 74 Anm. 2. 75.
-nēah Vb. prto.-prs. Ind. Sg., Pl. nuʒon usw. 106, 10.
neaht, ni(e)ht, nyht (neht, næht) Sb. 9, 2, c. 63 und Anm. 3.
nearu, -o Adj., G. nearwes 70 Anm. 4. 72 u. Anm. 2.
nearwe Adv. 70 Anm. 4.
nēdl Sb. s. nǣdl.
nefa Sb. 59 u. Anm. 2.
nēh Adv. s. nēah.
neht Sb. s. neaht.
nelle usw. neg. Vb. s. willan.
nemnan sw. Vb. 102 Anm. 1.
nēosian sw. Vb. 43 Anm. 3.
nēowe Adj. s. nīwe.
nerian, ner(i)ʒ(e)an sw. Vb. 26, b. 28. 88, B, a u. Anm. 1, c. 2, b. 3 u. Anhang. 101 u. Anm. 6. 102, a. 103.
-nes(se), -nis(se), -nys(se) Sb. Suffix 52 Anm. 3.
nest Sb. 10, 1.
net Sb. 47.
nēxt(a), nī(e)hst(a) s. nēah Adj.
nieht Sb. s. neaht.
niʒon Num. 77.
niʒoða Num. 81.
nihtes Adv. 63 Anm. 3. 70 Anm. 4.

niman st. Vb. 10, 1. 12, d. 31. 94 Anm. 1.
nīwe (nēowe) Adj. 71.
niwel (niowol, -el) Adj. 10 Anm. 13.
Norðanhymbre Sb. Pl. 55, 1.
nosu Sb. 57 u. Anm. 2.
nȳhst(s) Sup. s. nēah.
nylle usw. neg. Vb. s. willan.
nyt Adj. 71.
nytan neg. Vb. s. witan.

ofer Präp. 34 u. Anm. 1.
ōht Sb. 12, d.
on Präp. 9 Anm. 1.
ondrǣdan (-drēdan, ·Prät. -dreord) st. Vb. 97 Anm. 98 u. Anm. 2.
onfōn st. Vb. 37 Anm. 2.
onʒēan (-ʒæʒn, -ʒǣn, ʒeʒn) Adv. 42 Anm. 6.
onʒinnan st. Vb. 26, a. 37 Anm. 2.
orcʒeard, orcerd, ordceard Sb. s. ort-ʒeard.
ōret Sb. 22 Anm.
orn Prät. s. irnan st. Vb.
ort-ʒeard, orceard, orcʒeard, ordceard, orcerd, Sb. 36 Anm. 2.
ōs Sb. G. Pl. ēsa 62 Anm. 3.
ōðer Pron. indef. 9 Anm. 2. 21, b. 31. 81.
oðferian sw. Vb. 31 Anm. 3.
oððe Konj. 38.
oxa Sb., Pl. exen (oexen) 59 Anm. 2.

pæð Sb. 32. 45.
pic Sb. 41.
pīl Sb. 32.
plaʒian sw. Vb. 105 Anm. 2.
plēon st. Vb. 95 Anm. 4.
pund Sb. 32.

rā Sb. 59.

rḗc(e)an sw. Vb. 102 Anm. 3.

rḗdan (rēdan, Prt. reord) st. sw. Vb. 29. 97 Anm. 98 Anm.' 2.

recc(e)an sw. Vb., Prät. rōhte 102, c.

reȝn Sb. 42.

reȝol Sb. 7' Anm. 2. 10 Anm. 8.

reht, reoht Adj. s. riht.

reord Prt. s. rḗdan (rēdan).

rēow Adj. 72.

rest Sb. 9, 2, a.

restan sw. Vb. 9, 2, a.

rēwet(t) Sb. 47 Anm. 3.

rīce Sb. 14. 20 Anm. 1. 47; Adj. 20.

rīcsian, rīxian sw. Vb. 39 Anm. 2. 104 Anm. 1.

riht, ryht, reoht (reht) Adj. 10, 2, A, c.

rinnan st. Vb. s. irnan.

rīsan st. Vb. 91 Anm. 1.

rīxian sw. Vb. s. rīcsian.

rōd Sb. 50, b.

rodor Sb. 21, b.

rōf Adj. 70, a.

rōhte Prät. s. recc(e)an sw. Vb.

Rōmware Sb. Pl. 56.

rōw Adj. 72.

rōwan st. Vb. 99 u. Anm. 4.

ryht Adj. s. riht.

sacu Sb. 50, a.

sæl Sb. 67 Anm. 3.

salore D. Sg. s. sele Sb.

sand, sond Sb. 9, 1.

sāwan st. Vb. 12 Anm. 3. 99.

sāwol Sb. 17. 50, c.

sc(e)acan st. Vb. 41 Anm. 1.

sc(e)adan st. Vb. 98.

sc(e)adu Sb., G. -dwe, -de 53 Anm. 1.

sceal(l) Vb. prto.-prs. s. sculan.

sc(e)amu, sc(e)omu Sb. 9 Anm. 3. 41 Anm. 1.

scēap (scēp) Sb. 12 Anm. 2.

sceat(t) Sb. 26, a. 36.

scēað Sb. 17 Anm.

sceaðan st. Vb. s. sceððan.

scenc(e)an sw. Vb. 37 Anm. 1. 102 Anm. 2.

scendan sw. Vb. s. sciendan.

sceolan Vb. prto.-prs. s. sculan.

sc(e)ort Adj. 41 Anm. 1; Komp. scyrtra, Sup. -est(a) 74 Anm. 1.

scēotan st. Vb. 41 Anm. 1. 92 Anm. 2.

scēp Sb. s. scēap.

sceppan st. Vb. s. scieppan.

sceððan, sceaðan st. Vb. 96 Anm. 5.

sci(e)ndan, scyndan (scendan) sw. Vb. 9 Anm. 3.

sci(e)ppan, scyppan (sceppan) st. Vb. 9, 2, d. 26, b. 96 Anm. 5.

sci(e)ran, scyran st. Vb. 12, b u. Anm. 2. 94 Anm. 3.

sciftan sw. Vb. 41 Anm. 1.

scīnan st. Vb. 17 Anm.

-scipe Sb. Suffix 56.

sciptearu, -a, -tara Sb. 10 Anm. 10. 22.

scolu Sb. 50, a.

scrapian sw. Vb. 41 Anm. 1.

scrēad Sb. 41 Anm. 1.

scrūd Sb. 64.

scyndan, scyppan, scyran s. scie-.

scyrtra, -est(a) Komp. Sup. s. sc(e)ort Adj.

scyte Sb. 56.

scūfan st. Vb. 92 Anm. 2.

sculan, sceolan Vb. prto.-prs., Präs. Ind. sceal(l) usw. 39. 106, 8.

sculdor Sb. 41 Anm. 1.

sḗ usw. Pron. dem. 9 Anm. 1. 20. 84 u. Anm. 1. 2.

sealfian sw. Vb. 34.

searu Sb. 48 u. Anm. 1. 2.

Seaxan, -e ·Sb. Pl. 55, 1. 59 Anm. 1.

sēc(e)an (sōecan), Prt. sōhte 15. 40 Anm. 1. 41. 43 Anm. 4. 102, c. 103.

secȝ Sb. 47.

secȝan sw. Vb. 9 Anm. 8. 42 Anm. 6. 105 u. Anm. 1.

sēfte Adj. 71 u. Anm. 3.

sēft Komp. Adv. 75 Anm. 2.

sēl Komp. Adv. 75.

sele Sb., D. Sg. salore 9, 2, a. 56. 67 Anm. 3.

sēlest Sup. s. sēlla Komp.

self(a), silf, sylf (seolf) Pron. 10 Anm. 5 u. 14. 34 Anm. 1. 87.

selh Sb. s. seolh.

sēlla, sēlra (sōelra) Komp. -est(a) Sup. 75.

sellan, syllan sw. Vb. 10 Anm. 14

sendan sw. Vb. 9, 1. 37 Anm. 1. 101. 102 Anm. 2.

senȝ(e)an sw. Vb. 40 Anm. 1. 42.

sēoc Adj. 19.

seofon, -io- Num. 10, 2, B. 77.

seolf Pron. s. self.

seolfor (siolufr) 10, 2, B.

seolh (selh) Sb. 10, 2, A, b u. Anm. 7. 45.

sēon st. Vb. 'sehen' 6 Anm. 1. 9, 2, b. 10, 2, A, c. 4 u. Anm. 7. 12, b. 25 Anm. 1. 27 Anm. 3. 43 Anm. 2. 88, A, 3, u. Anhang. 95 Anm. 4.

sēoðan st. Vb. 92.

seox Num. s. si(e)x.

seowian, -io- sw. Vb. 10 Anm. 13.

setl Sb. 21 Anm. 3. 38 Anm. 3.

settan sw. Vb. 9, 2, a. 26, b. 28. 101, 3. 102, b. 103 Anm. 1.

sex Num. s. si(e)x.

sib(b) Sb. 10, 1. 26, b. 52, b.

sicor Adj. 10 Anm. 8.

si(e)x, syx (seox, sex) Num. 10, 2, A, c. 77.

sife Sb. 56.

siʒor Sb. 7 Anm. 2.

silf s. self.

sīn Pron. poss. 82 Anm. 3.

sinʒala Adv. 70 Anm. 4.

sinʒan st. Vb. 27 Anm. 3. 42.

siolufr Sb. s. seolfor.

sittan st. Vb. 9, 2, a u. Anm. 6. 95 u. Anm. 5.

sīð Sb. 10 Anm. 3. 31.

sīð Komp. Adv. 75 Anm. 2.

sixtiʒ Num. 78.

slā Sb. 60, 1.

slǣp (slēp) Sb. 12, a.

slǣpan, slāpan (slēpan) st. Vb. 12, b. 13. 39. 98 u. Anm. 2.

slāw Adj. 72.

slēan st. Vb. 9 Anm. 7 u. 14. 43, b. 88, A, 3 u. Anh., 90, b. 96.

sleʒe Sb. 56.

slēp Sb., -an Vb. s. slǣp, -an.

slūpan st. Vb. 92 Anm. 1.

smæl Adj. 9, 2, a.

smēaʒ(e)an sw. Vb.105 Anm.2.

smūʒan st. Vb. 92 Anm. 1.

snā(w) Sb. 27. 48.

snīðan st. Vb. 88 Anm. 1, a. 91.

snotor Adj. 70 c.

s ōcian sw. Vb. 71.

soēlra Komp. s. sēlla.

sōfte Adv. 31. 71 Anm. 3.

sōna Adv. 70 Anm. 4.

sorʒ, -h Sb. 50, b.

sōð Adj., -e Adv. 70 Anm. 4.

spanan, sponan, st. Vb. 'ver-locken' 96 Anm. 1.

spannan, sponnan st. Vb. 'spannen' 99.

spec, spic Sb. 10, 1.

speowian, -io- st. Vb. 10 Anm. 13.

spere Sb. 10 Anm. 9. 56.

spic Sb. s. spec.

spinnan st. Vb. 31.

spīwan st. Vb. 27.

spornan st. Vb. 93 Anm. 7.

spōwan st. Vb. 99.

sprecan (spreocan) st. Vb. 10, 1 u. Anm. 8. 12, b. 39.

sprinʒan st. Vb. 42 Anm. 5.

spurnan st. Vb. 93 Anm. 7.

stæf Sb. 9, 2, a.

stǣnen Adj. 17.

stæppan st. Vb. 96 Anm. 5.

stān Sb. 17.

standan st. Vb. 89 Anm. 1, a. 96 Anm. 3.

stānihte Adj. 71.

staðelian sw. Vb. 9, 2, b.

stede Vb. 56.

stefn, stemn Sb. 34 Anm. 3.

stelan st. Vb. 12, b. 94.

stemn Sb. s. stefn.

stenʒ Sb. 55, 1.

stēoran sw. Vb. s. stīeran.

steorra Sb. 29.

stīeran, stȳran, stēoran sw. Vb. 19 Anm. 2.

stīʒan st. Vb. 17. 42 Anm. 4. 88 Anm. 1, a.

strǣt (strēt) Sb. 12, a.

stranʒ, stronʒ Adj. Komp. Sup. strenʒra, -est(a) 9, 1. 74 Anm. 1; -e Adv. 74 Anm. 3.

strēa(w) Sb. G. strawes usw. 18 Anm. 1.

streʒdan, strēdan st. Vb. 93 Anm. 3.

strenʒð(u) Sb. 50. c. u. Anm. 2.

strenʒu Sb. 51.

studu, stuðu Sb. 63.

stȳran sw. Vb. s. stīeran.

sūcan st. Vb. 92 Anm. 1.

sūʒan st. Vb. 92 Anm. 1.

sulh Sb. 63.

sum Adj. 70, b.

-sum Adj. Suffix 70, b.

sumor Sb. 57.

suhu Sb. 11. 20 Anm. 1. 24. 39. 57 u. Anm. 1.

sūð Adj. 75 Anm. 1.

sūðerra Komp. Adj. 75 Anm. 1.

sūðmest Sup. Adj. 75 Anm. 1.

swāpan st. Vb. 99 Anm. 3.

swebban sw. Vb. 102, a.

swelc pron. Adj. s. swilc.

swellan st. Vb. 93, b.

sweord, sword, swurd Sb. 10 Anm. 11.

sweostor, swostor, swustor (swester, swoester) Sb. 10, 2, B u. Anm. 11. 65.

sweotul, -ol Adj. 10, 2, B. 70, c u. Anm. 3.

swerian, swer(i)ʒ(e)an st. Vb. 96 Anm..5.

swēte Adj. 71 u. Anm. 3.

swice Adj. 69 Anm. 1.

swilc, swylc, swelc pron. Adj. 87.

swimman st. Vb. 10, 1. 26. 31. 93, a.

swinʒan st. Vb., Part. Prt. sunʒen 93 Anm. 2.

sword Sb. s. sweord.

swostor Sb. s. sweostor.

swōte Adv. 71 Anm. 3.

swurd Sb. s. sweord.

swustor Sb. s. sweostor.

swylc pron. Adj. s. swilc.

sȳfre Adj. 71 Anm. 2.

sylf Pron. s. self.

syllan sw. Vb. s. sellan.

sȳðerra Komp. Adj. 75 Anm. 1.

syx Num. s. siex.

üterra, ütemest Adj. Komp.,
Sup. 75 Anm. 1.
uton Interj. s. (w)uton.
ūð-ʒenʒe Adj. 31 Anm. 3.

wacor, wæccer Adj. 26, c.
wæcnan st. Vb. 89 Anm. 1, a.
96 Anm. 2.
wǣʒ Sb. 55, 1.
wǣpen Sb. 21, c. 32.
wæsma Sb. 43 Anm. 3.
wæstm Sb. 21 Anm. 3.
wæstmbǣre Adj. 71.
wæter Sb. 21 Anm. 4.
wanʒe, wonʒe Sb. 60 Anm. 3.
-ware Sb. Suffix, Pl. 56.
wascan, waxan st. Vb. 9, 2, b.
39 Anm. 3.
wăt Vb. prto.-prs. s. witan.
wăwan st. Vb. 99.
wēa Adj. 72 Anm. 1.
weald (wald) Sb. 57.
wealdan (waldan) st. Vb. 90, a.
wealdend (waldend) Sb. 66
Anm. 3.
weal(l) (wall) Sb. 45.
weaxan st. Vb. 43. 96 Anm. 1.
web(b) Sb. 33. 34. Anm. 2.
wecc(e)an sw. Vb. 101. 102, c
u. Anm. 3.
wecʒ(e)an sw. Vb. 101. 102, a.
wèd Sb. 47.
weder Sb. 10, 1.
wefan st. Vb. 34 Anm. 2.
weʒ (woeʒ) Sb. 10 Anm. 4.
weʒan st. Vb. 95 Anm. 6.
wēn (woen) Sb. 12, d.
wēnan sw. Vb. 88 Anm. 1, a.
wenʒe Sb. 60 Anm. 3.
weorc (werc) Sb. 10 Anm. 7.
weorod Sb. s. werod.
weorold Sb. s. worold.
weorpan (worpa) st. Vb. 10,
2, A, a u Anm. 11. 90, a.
93, b.

weorðan st. Vb. 38. 88
Anm. 1, a. 93, b.
weorðian (worðia) sw. Vb. 10
Anm. 11.
wēpan sw. Vb. 99 Anm. 5.
wer (woer) Sb. 10, 1 u. Anm.
4. 9. 27.
werc Sb. s. weorc.
werian sw. Vb. 26, b. 101.
werod, -ed, weorod Sb. 10
Anm. 11. 21. 46 u. Anm.
wersa Komp. s. wiersa.
wesan (wosa) st. Vb. 10 Anm.
11. 12, b. 27 Anm. 3. 95
Anm. 1. 107 u. Anm. 3.
wēsten(n) Sb. 47 Anm. 3.
wicu Sb. s. wucu.
wielwan, wylwan, wyl(w)ian
sw. Vb. 101 Anm. 5. 6.
102 Anm. 1.
wiersa, wyrsa, wursa; wier-
rest(a), wy-, wyrst(a), wu-
Komp. Sup. Adj. 10 Anm.
11. 11 Anm. 7. 75.
wīf Sb. 14.
wīfmon, wimman Sb. 26, d.
62 Anm. 1.
wiʒa Sb. 59.
wiht Sb. s. wuht.
wilde Adj. 38 Anm. 3.
willa Sb. 26, b. 28. 30. 59
Anm. 1.
willan, wyllan; neg. nyllan
Vb. 10 Anm. 4. 27 Anm.
3. 108 u. Anm. 1. 2.
wimman Sb. s. wīfmon.
wine Sb. 20 Anm. 1. 56 u.
Anm. 2.
winster Adj. 31 Anm. 2.
winter Sb. 57.
wiocu, wiodu Sb. s. wucu.
wita (wiota, wuta) Sb. 10
Anm. 11.
witan (wiotan) Vb. prto.-prs.;
Ind. Sg. wăt usw., neg.

nytan, năt 10, 1. 27 Anm.
3. 106, 1.
wīte Sb. 47.
wlæc, wlacu Adj. 69 Anm. 2.
wlītan st. Vb. 27.
wlōh Sb. 43 Anm. 4.
wōcor Sb. 50, b.
wōh Adj. 70, a. 73 Anm. 2.
wor- s. weor-.
word, wurd Sb. 11 Anm. 4. 46.
worold, -uld, weorold Sb. 10
Anm. 11.
wosa st. Vb. s. wesan.
wrecan st. Vb. 27.
wrēon st. Vb. 91 u. Anm. 2.
wreðian sw. Vb. 101 Anm. 1.
wucu (wiocu, wicu) Sb. 10
Anm. 11.
wudu (wiodu) Sb. 10 Anm.
11. 57 u. Anm. 1.
wuht (wiht) Sb. 10 Anm. 11.
wulf Sb. 11 Anm. 1. 35 u.
Anm. 45.
wulle Sb. 11 Anm. 1.
wundrian sw. Vb. 104.
wurd Sb. s. word.
wurm Sb. s. wyrm.
wursa, -est(a) s. wiersa
Komp. Adj.
wuta Sb. s. wita.
(w)uton (wioton) Interj. 27
Anm. 2.
wylwan, wyl(w)ian sw. Vb.
s. wielwan.
wyllan Vb. s. willan.
wyrc(e)an sw. Vb. 29. 102, c.
103.
wyrm, wurm Sb. 11 Anm. 7.
20 Anm. 1. 55, 1.
wyrp Sb. 55, 1.
wyrs Adv. Komp. 75.
wyrsa, wyrrest(a), wyrst(a)
Komp. Sup. s. wiersa.

ȳcan sw. Vb. s. īecan.

ylde Sb. Pl. 55, 1.

yldra,-est(a)Komp.Sup.s.eald.

yldu (eldu,ældu) Sb. 51.

ylfe Sb. Pl. 55, 1.

yfel Adj. 21, a u. Anm. 1.
34 Anm. 1. 75.

yferra, yfemest Komp. Sup.
75 Anm. 1.

ylfetu Sb. 52 Anm. 2.

ȳmest(a)   Sup.   Adj.   75
Anm. 1.

yrmðu Sb. s. iermðu.

yrnan st. Vb. s. irnan.

yrre Adj. 71.

ȳterra, ȳtemest Komp. Sup.
Adj. 75 Anm. 1.

.ȳð Sb. 52, a.

ȳð Komp. Adv. 75 Anm. 2,

ȳwan sw. Vb. s. īewan.

		a) Älteste Form			**b) Regelmä**
Sg.	1.	hĕlpu, -o	binde	fare	cēose
	2.	hilpis, -es	∫bintst ⎩bindest	∫(færst) ⎩færest	∫cӯst ⎩cēoses
	3.	hilpiđ, eđ	∫bint ⎩bindeđ	∫(færđ) ⎩fæređ	∫cӯsđ, ⎩cēoseđ
Pl.	1. 2. 3.	hĕlpađ	bindađ	farađ	cēosađ
Sg.	1. 2. 3.	hĕlpæ, -e	binde	fare	cēose
Pl.	1. 2. 3.	hĕlpæn, -en, -an	binden	faren	cēosen
Sg.	2.	hĕlp	bind	(fær), far	cēos
Pl.	1.	hĕlpæn, -en, -an	bindan	faran	cēosan
	2.	hĕlpađ	bindađ	farađ	cēosađ
		hĕlpan	bindan	faran	cēosan
		hĕlpændi, -indi	bindende	farende	cēosend
Sg.	1. 3.	h(e)alp	band, bond	fōr	cēas
	2.	hulpi, -e	bunde	fōre	cure
Pl.	1. 2. 3.	hulpun	bundon	fōron	curon
Sg.	1. 2. 3.	hulpi, -e	bunde	fōre	cure
Pl.	1. 2. 3.	hulpin, ·en	bunden	fōren	curen
					3.
		(ӡe)holpæn, -en	(ӡe)bunden	(ӡe)faren	(ӡe)cor

c) Verba contracta

hebbe	tēo	tēo	sēo	slēa	fō
hefest	tȳhst	tȳhst	syhst	slyhst	fēhst
hefeð	tȳhð	tȳhð	syhð	slyhð	fēhð
hehbað	tēoð	tēoð	sēoð	slēað	fōð
hebbe	tēo	tēo	sēo	slēa	fō
hebben	tēon	tēon	sēon	slēan	fōn
hefe	tēoh	tēoh	seoh	sleah	fōh
hebban	tēon	tēon	sēon	slēan	fōn
hebbað	tēoð	tēoð	sēoð	slēað	fōð
hebban	tēon	tēon	sēon	slēan	fōn
hebbende	tēonde	tēonde	sēonde	slēande	fōnde
hōf	tāh	tēah	seah	slōȝ, -h	fenȝ
hōfe	tiȝe	tuȝe	sāwe	slōȝe	fenȝe
hōfon	tiȝon	tuȝon	sāwon	slōȝon	fenȝon
hōfe	tiȝe	tuȝe	sāwe	slōȝe	fenȝe
hōfen	tiȝen	tuȝen	sāwen	slōȝen	fenȝen

Prät.

(ȝe)-{hæfen / hafen	(ȝe)tiȝen	-toȝen	-sewen	{-slæȝen / -slaȝen	{-fanȝen / -fonȝen

B. Schwache Verba

			Schw. Verba I			Schw. Verba

1. Präsens

Indikativ

Sg.	1.	nerie	fremme	dēme	lōciȝe	
	2.	nerest	fremest	dēm(e)st	lōcast	
	3.	nereð	fremeð	dēm(e)ð	lōcað	
Pl. 1. 2. 3.		neriað	fremmað	dēmað	lōciað	

Optativ

Sg. 1. 2. 3.	nerie	fremme	dēme	lōciȝe	
Pl. 1. 2. 3.	nerien	fremmen	dēmen	lōciȝen	

Imperativ

Sg.	2.	nere	freme	dēm	lōca
Pl.	1.	nerian	fremman	dēman	lōcian
	2.	neriað	fremmað	dēmað	lōciað

Infinitiv

nerian	fremman	dēman	lōcian

Partizipium

neriende	fremmende	dēmende	lōciende

2. Präteritum

Indikativ

Sg.	1. 3.	nerede	fremede	dēmde	lōcode
	2.	neredest	fremedest	dēmdest	lōcodest
Pl. 1. 2. 3.		neredon	fremedon	demdon	locedon, -o

Optativ

Sg. 1. 2. 3.	nerede	fremede	dēmde	lōcode
Pl. 1. 2. 3.	nereden	fremeden	dēmden	lōcoden

3. Partizipium Prät.

(ȝe)nered	(ȝe)fremed	(ȝe)dēmed	(ȝe)lōcod

Altsächsische Verbalflexion

St. Verba	Schw. Verba I	Schw. Verba II

1. Präsens
Indikativ

St. Verba	Schw. Verba I	Schw. Verba II
. hilpu, (-o)	fremmiu; hôriu	salbon
?. hilpis	fremis; hôris	salbos
?. hilpid, -it, (-ið)	fremid; hôrid. -it, (-ið)	salbod, -ot, (-oð)
hëlpad, -at, (-að)	fremmiad; hôriad, -eat, (-iað)	salbod, -ot, -oiad

Optativ

St. Verba	Schw. Verba I	Schw. Verba II
?. hëlpe, -a	fremmie; hôrie, -ea	salbo, -oie
?. hëlpes, -as	fremmies, -eas	salbos
hëlpan	fremmian, -ean, -ien	salbon, -oian

Imperativ

St. Verba	Schw. Verba I	Schw. Verba II
?. hilp	fremi, hôri	salbo
?. hëlpad, -at, (-að)	fremmiad, -eat, (iað)	salbod, -ot, (-oð)

Infinitiv

St. Verba	Schw. Verba I	Schw. Verba II
hëlpan, (-en)	fremmian; hôrian, -ean, -ien	salbon, -oian

Partizipium

St. Verba	Schw. Verba I	Schw. Verba II
hëlpandi	fremmiandi, -eandi. -iendi	salbondi, -oiandi

2. Präteritum
Indikativ

St. Verba	Schw. Verba I	Schw. Verba II
?. halp	fremida, hôrda	salboda
?. hulpi	fremides, -os, -as	*usw.*
hulpun, (-on)	fremidun, (-on)	

Optativ

St. Verba	Schw. Verba I	Schw. Verba II
?. hulpi	fremidi; hôrdi	salbodi
?. hulpis	fremidis	*usw.*
hulpin	fremidin	

3. Partizipium Prät.

St. Verba	Schw. Verba I	Schw. Verba II
giholpan. (-en)	gefrimid, gihôrid	gisalbod, -ot